Zahlenzauber 1

Mathematikbuch
für die Grundschule

Ausgabe Bayern

Erarbeitet von
Bettina Betz (Dachau)
Angela Bezold (Würzburg)
Ruth Dolenc-Petz (Augsburg)
Hedwig Gasteiger (Osnabrück)
Carina Hölz (Grafenberg)
Petra Ihn-Huber (Augsburg)
Christine Kullen (Frickenhausen)
Elisabeth Plankl (Dietfurt)
Beatrix Pütz (Jesenwang)
Carola Schraml (Estenfeld)
Karl-Wilhelm Schweden (Büderich)

Illustriert von
Mathias Hütter
Renate Möller

Ich bin Bim.

Ich bin Simsala.

Und ich bin Eulalia.

Oldenbourg Schulbuchverlag, München

Inhaltsverzeichnis

① Wo sind die Tiere? Beschreibe genau.

| oben | unten | rechts | links | zwischen |

| hinten | vorne |

Wo ist der  ?

② Zähle und schreibe auf.

 ③ Von welchen Dingen findet ihr 2 , 6 , ?

14
15
16
17
18
19
20
21
22
23
24
25
26
27
28
29
30

4 a) Die Katze schleicht zu den Hasen. Zähle 0 1 2 …

Eine Schnecke kriecht zum Haus: 11 10 9 …

b) Simsala will zu Bim. So hüpft sie: 0 2 4 …

Bim geht zurück zum Haus: 21 20 19 18 …

c) Finde noch mehr Zählgeschichten.

5 Erzählt.

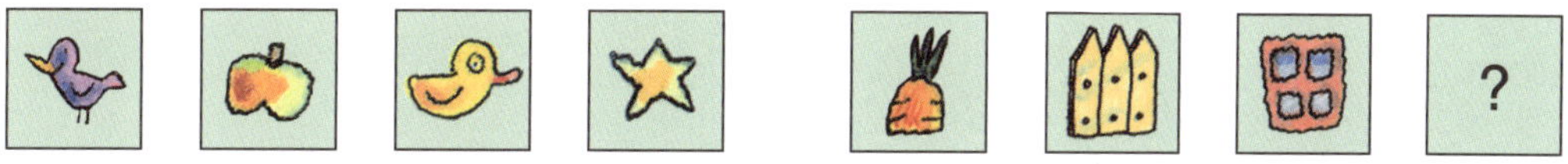
?

① Schaut euch das Bild an und erzählt.

② Zählt.
- Wie viele Kinder sind auf dem Bild?
- Wie viele Kinder tragen eine Brille?
- Wie viele tragen Kappen?
- Wie viele haben eine blaue Hose an?
- …

③ Anna und Tom schreiben so auf:

Was sagst du dazu?

Schreibe selbst auf.

4 Gibt es mehr Jungen oder Mädchen in der Klasse?
Die Kinder haben eine Strichliste erstellt.

 5 Erstellt für eure Klasse Strichlisten.

 6 Zählt im Klassenzimmer. Erstellt Strichlisten.

 7 Zählt im Schulhaus. Erstellt Strichlisten.

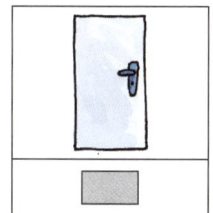   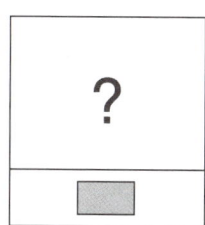

8 Was könnt ihr alles aus dieser Tabelle ablesen?

Auf einen Blick – toll!

Erstellt gemeinsam ein solches Schaubild für eure Klasse.

Kompetenz: Darstellungen verwenden **7**

① Wo entdeckt ihr Zahlen? Was bedeuten sie? Erzählt.

② a) Wer hat ... , ... , ... , ...?

Der erste Kunde ...

Die zweite Kundin ...

Der dritte Kunde ...

b) Was siehst du in der Theke im ersten, zweiten, dritten ... Fach von links?

0 — null
1 — eins
2 — zwei
3 — drei
4 — vier

3 Was bedeuten diese Zahlen?

4 Suche Zahlen in deiner Umgebung. Erzähle, male oder bringe mit.

5 Welche Zahlen sind für dich wichtig?

6 Erstelle eine Liste mit wichtigen Zahlen von deinen Freunden.

7 Gestalte eine Seite zu deiner Lieblingszahl in deinem 📖.

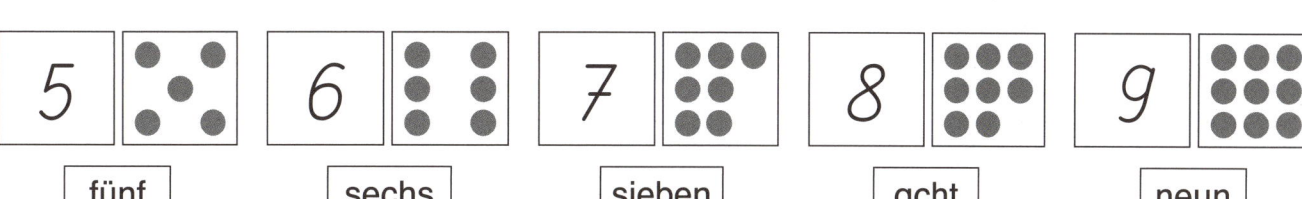

5	6	7	8	9
fünf	sechs	sieben	acht	neun

9

Schüttelschachteln

1 Baue eine Schüttelschachtel.

2 Schüttle und schreibe auf. Wie viele Möglichkeiten findest du?

	6					8		
3	+	3			5	+	3	
4	+	2			8	+	0	
▢	+	▢			▢	+	▢	
...	+	...			...	+	...	

3 Schüttle auch diese Zahlen.

5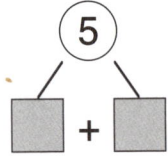

7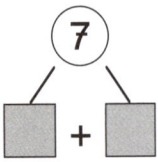

3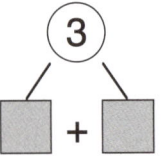

10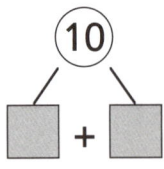

?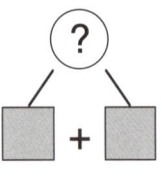

... + ... + ... + ... + ... + ...

Bei der 3 sind es wenige Schüttelergebnisse.

Bei der 10 werden es viele Schüttelergebnisse.

```
    3              10
   /  \           /   \
 2  +  1        7  +  3
 0  +  3        5  +  5
 3  +  0        2  +  8
 1  +  2        6  +  4
               8  +
```

Woran liegt das?

④ Schüttelt, malt und schreibt die Ergebnisse auf. Ordnet sie.

a)

b)

c)

Wie habt ihr geordnet? Vergleicht.

⑤ Welcher Deckel gehört zu welcher Schachtel? Schreibe auf.

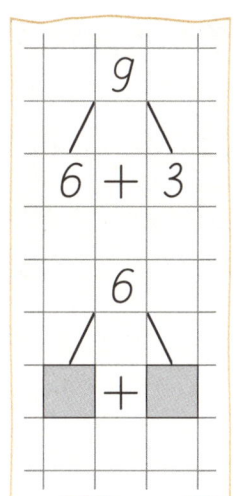

⑥ Wie heißt die zweite Zahl? Zeige mit der Schüttelschachtel.

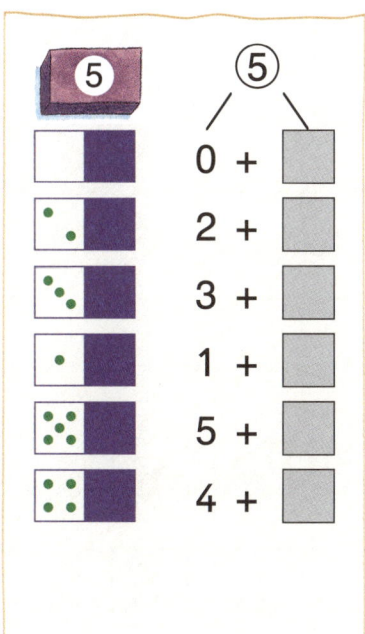

5   ⑤
0 + ☐
2 + ☐
3 + ☐
1 + ☐
5 + ☐
4 + ☐

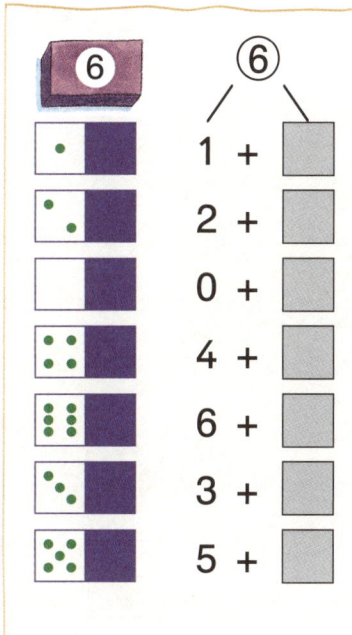

6   ⑥
1 + ☐
2 + ☐
0 + ☐
4 + ☐
6 + ☐
3 + ☐
5 + ☐

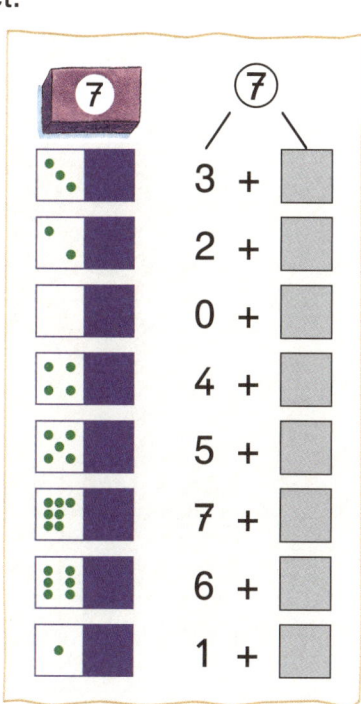

7   ⑦
3 + ☐
2 + ☐
0 + ☐
4 + ☐
5 + ☐
7 + ☐
6 + ☐
1 + ☐

11

① Linkshänder – Rechtshänder?

Umfahre. Schneide aus. Gestaltet ein Plakat.

 ② Streichelspiel: Wo spürst du die Feder?

Linkes Ohr!

a) b) c)

 ③ Beschreibt.

links neben   rechts neben   unter   über   zwischen

a)

Die  liegt …

Das ❤ liegt …

Die 🍐 liegt …

b)   d)   e)

c)

④ Spielt mit 9 Karten.
a) Beschreibt.

Die  liegt …

Der 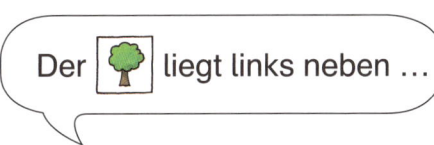 liegt links neben …

Das  liegt …

b) Was liegt über …?  , , ,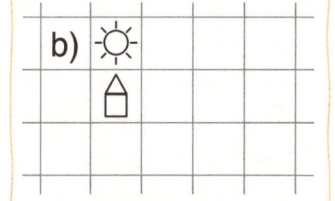

c) Was liegt unter …? , , ,  ,

d) Was liegt zwischen …?  und  und

e) Was liegt links neben …? , , , , ,

f) Was liegt rechts neben …? , , ,

⑤ Einer legt und spricht. Der Partner legt nach.

Ich lege die Sonne in die Mitte!

⑥ Lege oder zeichne in ein Neunerfeld.

a) Mitte:

   unten links:

   oben links:

   Mitte rechts:

b) oben rechts:

   Mitte rechts:

   Mitte links:

   unten links:

c) Mitte links:

   Mitte:

   oben rechts:

   unten rechts:

Kompetenz: Kommunizieren **13**

1 Wie viele sind es jeweils?

2 So geht das Zählen leichter. Warum? Erkläre.

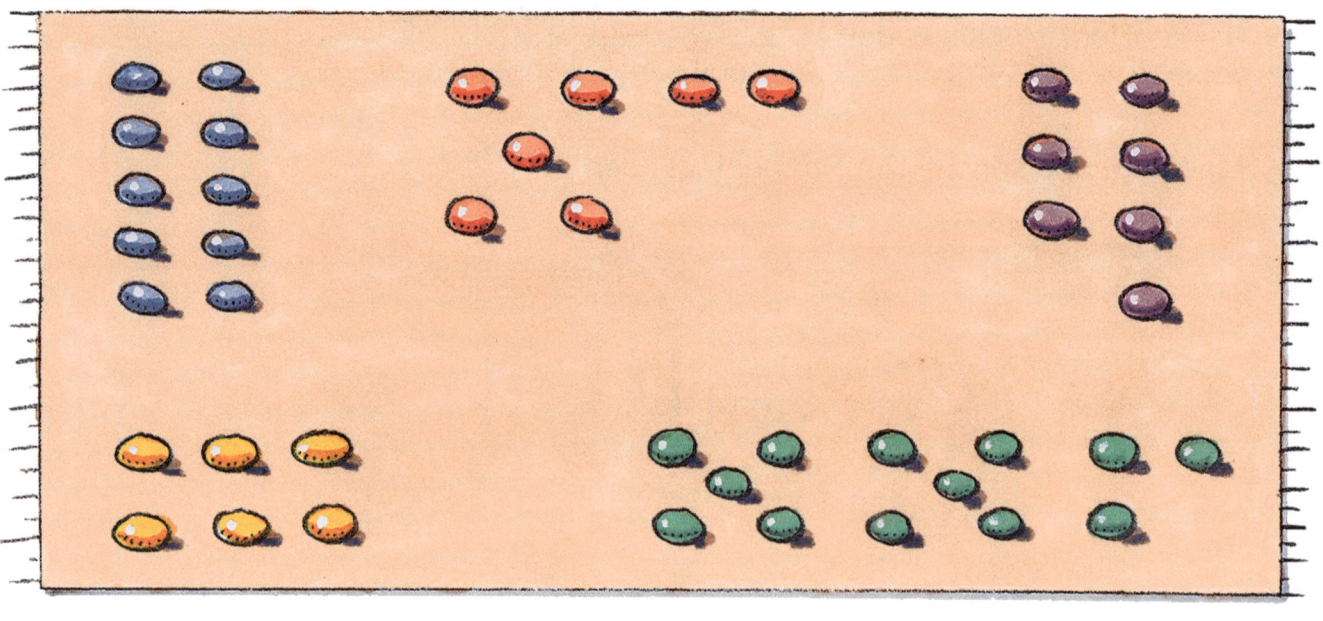

3 sehe ich auf einen Blick, und daneben liegen …

Wenn die Steine in einer Reihe liegen, …

5 kenne ich vom Würfel …

?

3 Lege deine Schätze so, dass du die Zahl -schnell erkennen kannst.
Zeichne und erkläre.

| 8 | 9 | 10 | ? |

4 Wie viele sind es? Erkenne -schnell. Erkläre.

a)

b)

5 Blitzlesen
Jeder legt eine Zahl. Der Partner soll sie -schnell erkennen.

6 Blitzlesen mit Fingern
a) Wie viele sind es?

   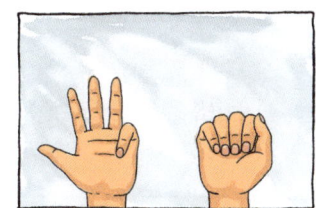

b) Zeige -schnell: 8, 7, 5, … Finger.

① Erkennst du 5 und 10 ⚡-schnell?

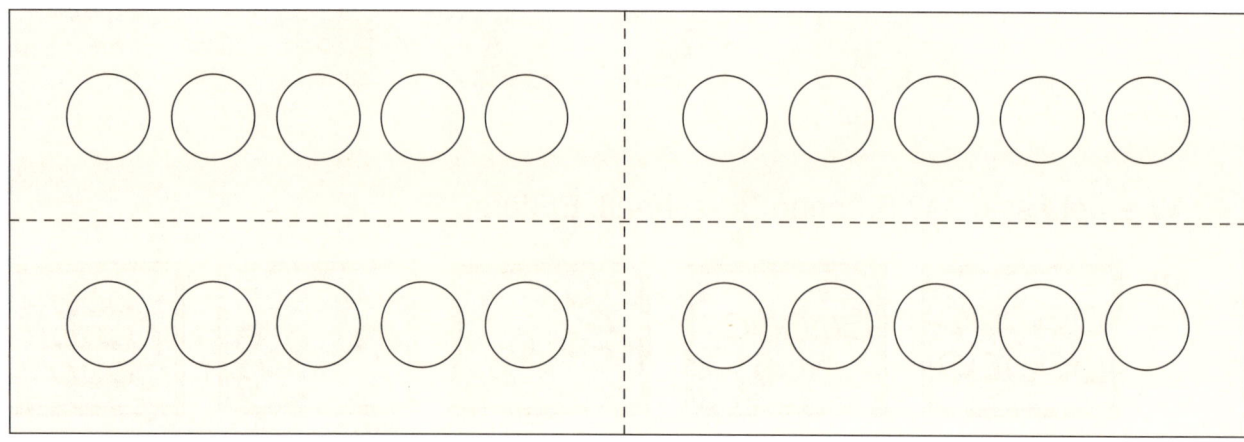

Lege 5 am Zwanzigerfeld.

② Lege auch andere Zahlen so, dass du sie ⚡-schnell erkennen kannst.
Erkläre wie Simsala:

Es sind 6,
5 und 1!

Zeichne so in dein Heft:

6

③ Spielt zusammen: Zahlen ⚡-schnell erkennen. Erklärt wie Simsala.

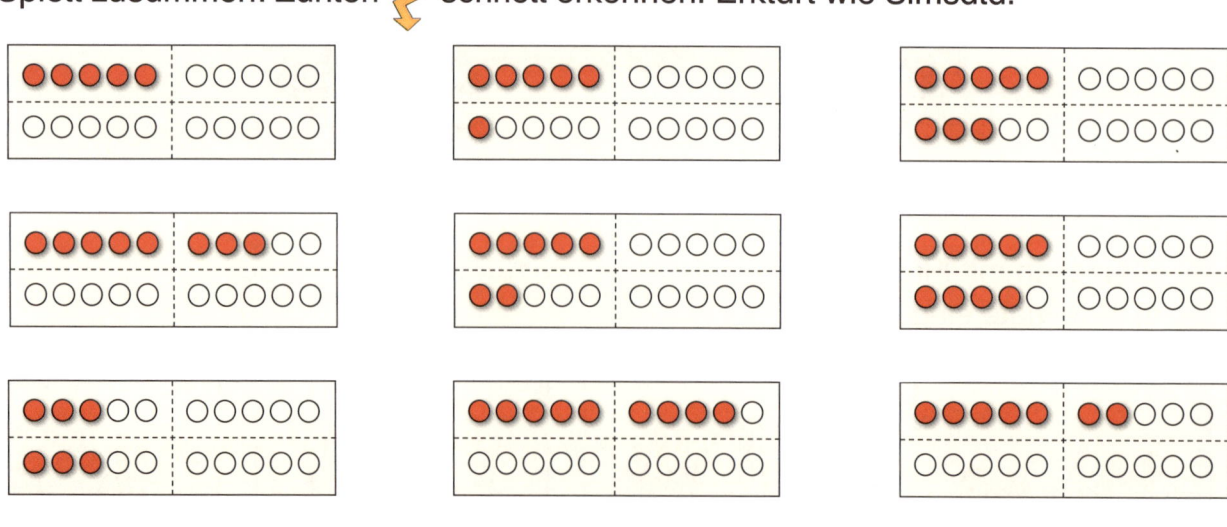

4 Spielt „Blitzlesen" mit dem Zwanzigerfeld.

Welche Zahl siehst du?

Ich sehe 8, das sind 5 und 3!

5 10 in einer Reihe. Wie viele Plättchen sind verdeckt? Erkläre wie Simsala.

Ich sehe nur 7, 3 sind verdeckt!

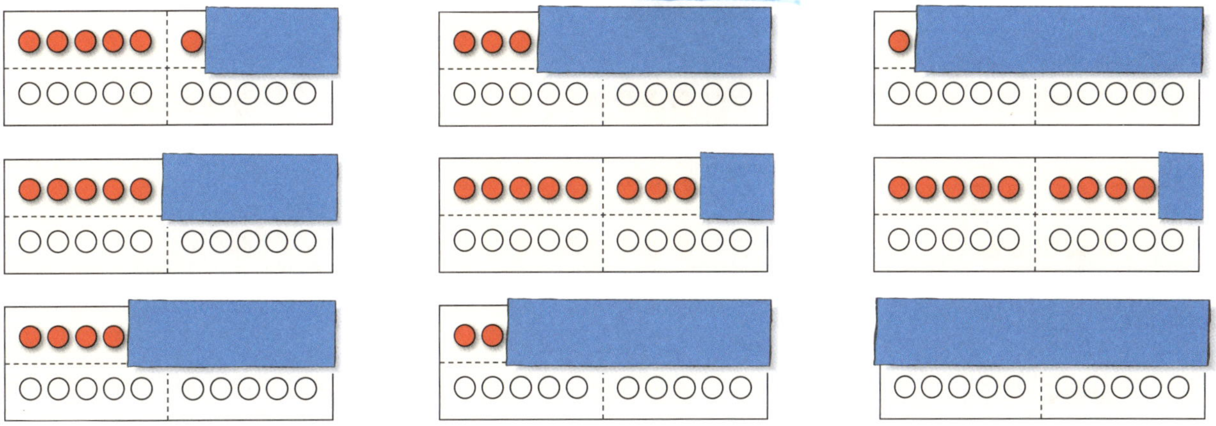

Spielt zusammen „Plättchen verdecken".

Spielt mit 20 Plättchen.

6 Wie viele Felder verdeckt Bim?

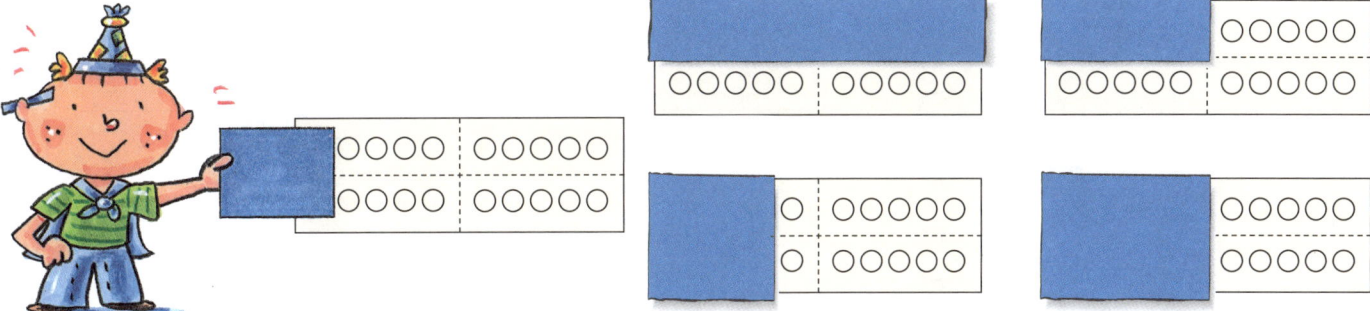

Spielt zusammen „Felder verdecken".

17

① Immer 10.
Spiele mit deinem Partner.

Simsala nennt die fehlende Zahl, ohne zu zählen. Schaffst du das auch?

② Immer 10. Welche Zahl fehlt? Schreibe auf.

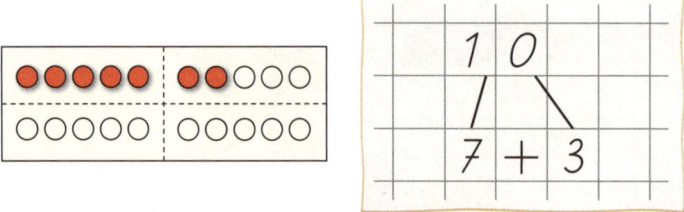

a)

b)

c)

③ Immer 10: Schnapp die Zahl!

4 Immer 10. Zerlegt, schreibt auf und malt.

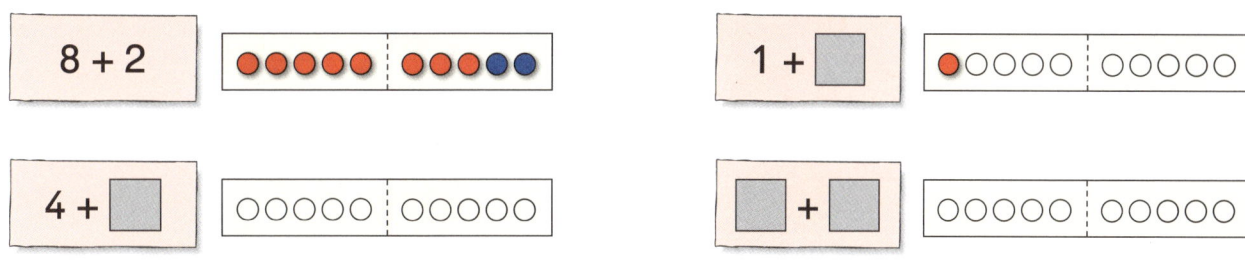

...

> Habt ihr alle Möglichkeiten gefunden?

> Warum gibt es nicht mehr?

> Tipp: Ordnen hilft.

10 + 0

9 + 1

 5 Wie viele Zerlegungen gibt es für die 4, 5 und 6? Was fällt euch auf?

a)

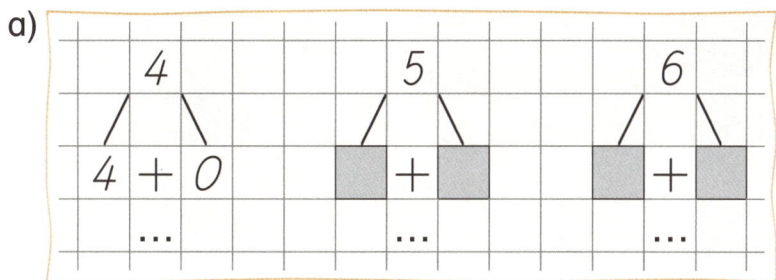

> Ich habe entdeckt, dass …

> Bei der 4 gibt es … Zerlegungen, bei der …

> Es gibt immer eine Zerlegung mehr als die …

b) Wie viele Zerlegungen gibt es bei der 7, 8, 9, 10?
Überlege.
Schreibe die Zerlegungen geordnet in dein .

c) Wie viele Zerlegungen gibt es für die 11, 12, …, 20?
Überlege.

Wir vergleichen: größer – kleiner – gleich

Tom ist größer als Noah.

1 Nicht alle sind gleich groß. Vergleicht in eurer Klasse.

… **kleiner** als …

… **gleich groß** wie …

… **größer** als …

2 Viele Würfel: Vergleicht.

… **weniger** als …

… **genauso viele** wie …

… **mehr** als …

Tom

Anna

Noah

Lea

3 Vergleicht die Türme.

… **gleich groß** wie …

… **kleiner** als …

… **größer** als …

4 Baut Türme und vergleicht. Sprecht und schreibt auf.

5

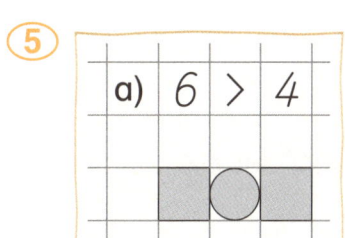

a) 6 ◯ 4

7 ◯ 4

9 ◯ 10

b) 6 ◯ 8

5 ◯ 5

2 ◯ 1

c) 10 ◯ 1

8 ◯ 7

6 ◯ 3

6 Wie geht es weiter? Setze fort.

a)
3 ◯ 4
4 ◯ 4
5 ◯ 4
6 ◯ 4
▢ ◯ ▢

b)
5 ◯ 1
5 ◯ 2
5 ◯ 3
5 ◯ 4
▢ ◯ ▢

c)
0 ◯ 1
0 ◯ 2
0 ◯ 3
0 ◯ 4
▢ ◯ ▢

d)
2 ◯ 3
3 ◯ 2

10 ◯ 8
8 ◯ 10

?

7 Zahlen raten

Meine Zahl ist kleiner als 5.

Ja.

Nein.

Ist sie größer als 2?

Ist es die 3?

Es ist …

Spielt selbst „Zahlen raten".

21

Zahlen stechen

Gewonnen:
3 ist größer als 2.

3	>	2

① Spielt mit Zahlenkarten. Die Zahlen dürfen mehrmals vorkommen.
Schreibt auf wie Simsala und Bim.

Simsala		Bim
✓ 3	>	2
4	<	6 ✓
3	=	3

< ist **kleiner** als

= ist **gleich**

> ist **größer** als

② Wer ist der Sieger? Schreibe auf.

S		B
4	<	7 ✓
✓ 6	>	2
3	◯	8
1	◯	6

S		B
4	◯	10
3	◯	1
8	◯	9
5	◯	7

S		B
5	◯	4
2	◯	3
8	◯	7
9	◯	10

S		B
6	◯	1
5	◯	9
8	◯	2
7	◯	3

③ Wähle zwei Zahlen und vergleiche.

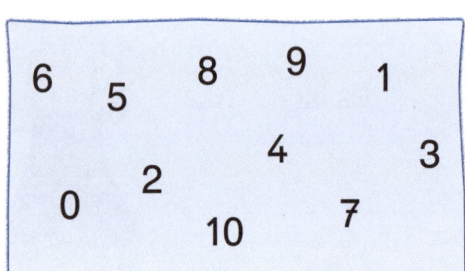

Das werden
viele Aufgaben!

6	>	5
7	<	9

Welche Karten gewinnen gegen die 3?

4 a) Mit welchen Karten gewinnst du gegen die 3 …?
Schreibe so auf:

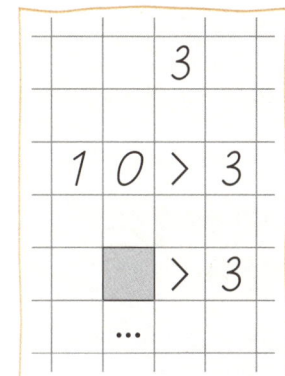

b) 6

□ > 6
□ > 6
…

c) 5

□ > 5
□ > 5
…

d) ?

□ > ?
□ > ?
…

 Mit welcher Karte gewinnst du immer?

5 a) Mit welchen Karten verlierst du gegen die 3 …?

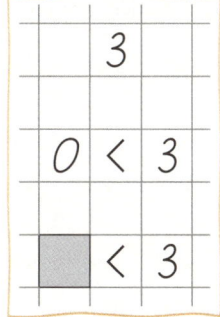

b) 7

□ < 7
□ < 7
…

c) 9

□ < 9
□ < 9
…

d) 8

□ < 8
□ < 8
…

e) ?

□ < …
□ < …
…

 Warum verliert Eulalia immer?

 Verloren!

6 Finde eine passende Zahl.

a) 7 > □
□ > 9
□ < 9
9 = □

b) 8 = □
3 < □
□ > 5
□ = 0

c) 5 < □
5 > □
5 = □
□ > 0

 d) 15 > □
□ > 15
□ < 15
15 = □

23

1 Spielt zusammen „Zahlen ⚡-schnell erkennen". Erklärt wie Simsala.

2 Immer 10: Wie viele Plättchen fehlen noch? Erklärt wie Bim.

7 Plättchen sind da.
3 fehlen noch bis 10.

3 Welche Zahl fehlt? Schreibe auf.

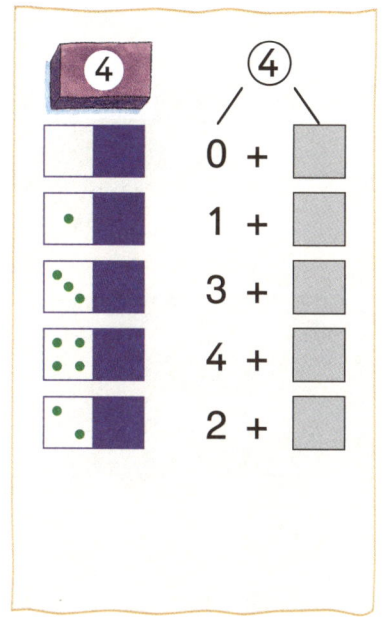

④	④
	0 +
	1 +
	3 +
	4 +
	2 +

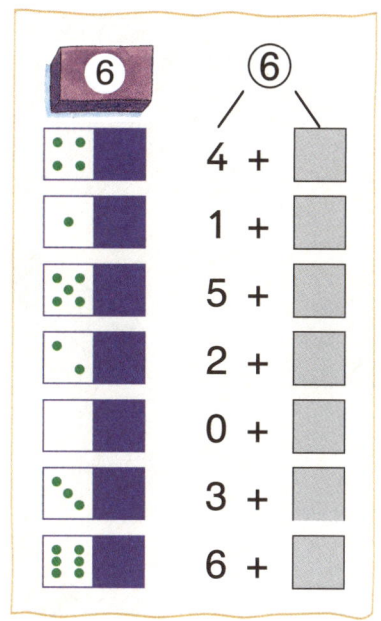

⑥	⑥
	4 +
	1 +
	5 +
	2 +
	0 +
	3 +
	6 +

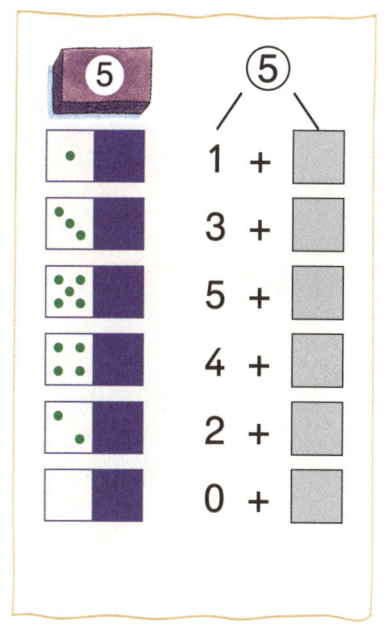

⑤	⑤
	1 +
	3 +
	5 +
	4 +
	2 +
	0 +

Kannst du das auch mit 7 und 8?

4 Blitzlesen mit Fingern

a) Wie viele sind es?

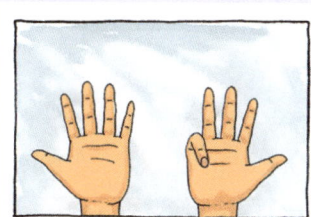

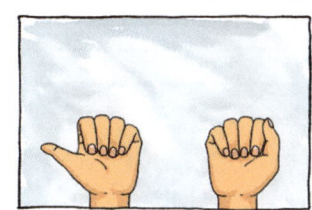

b) Zeige ⚡-schnell 9, 6, 5, 7, … Finger.

c) Stell dir vor, 1, 2, … Finger sind ausgestreckt.
   Wie viele fehlen noch bis 10?

25

Figuren und Muster legen

① Lege nach. Beschreibe.
Erfinde eigene Figuren und zeichne sie.
Macht eine Ausstellung.

Dreieck | Rechteck | Kreis | Quadrat

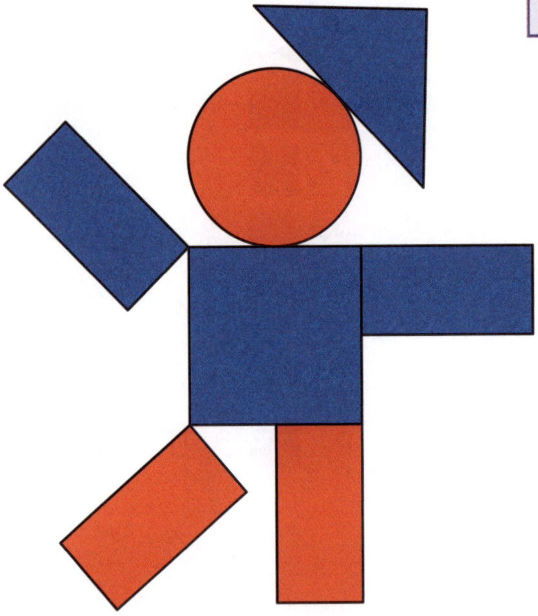

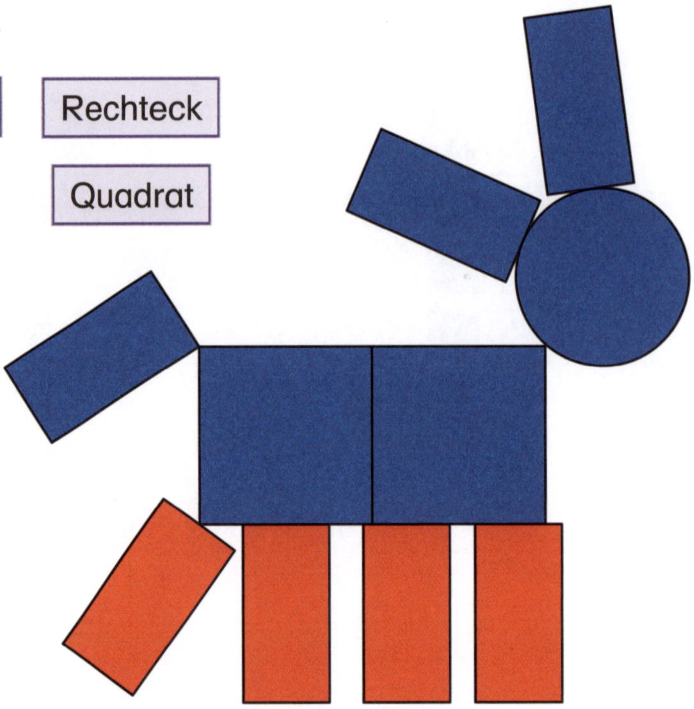

Plättchen umfahren

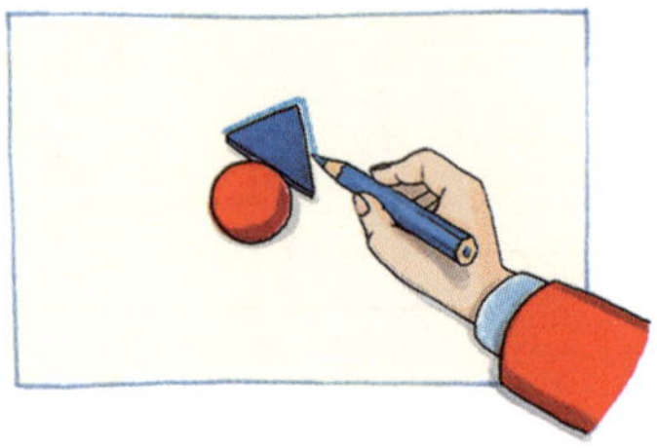

oder

Schablone benutzen

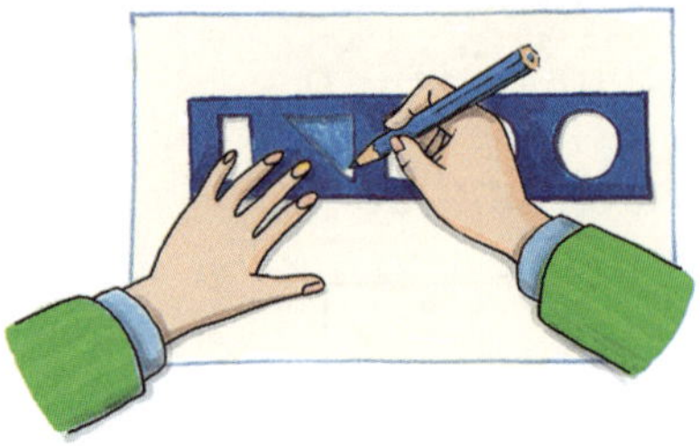

② Lege diese Muster nach. Setze sie fort.

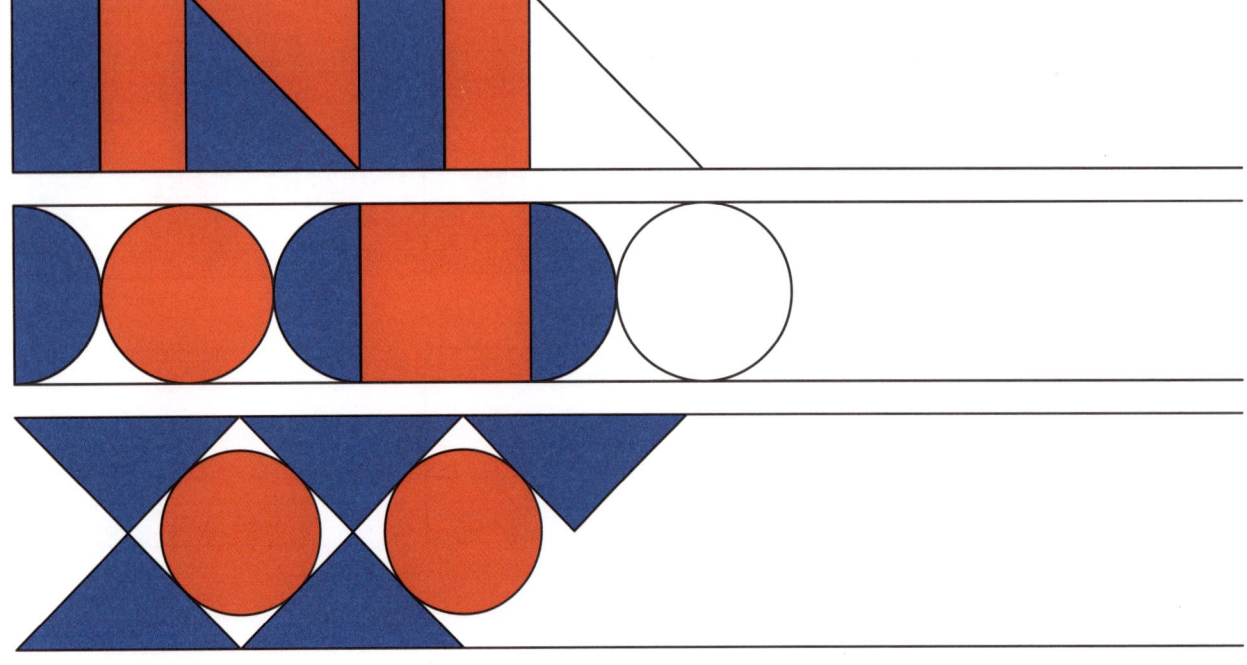

③ Lege selbst Muster. Zeichne sie ins .

4 a) Lege jede Figur mit ■ aus. Wie viele brauchst du? Schreibe auf.
b) Welche Figur ist am größten? Erkläre.

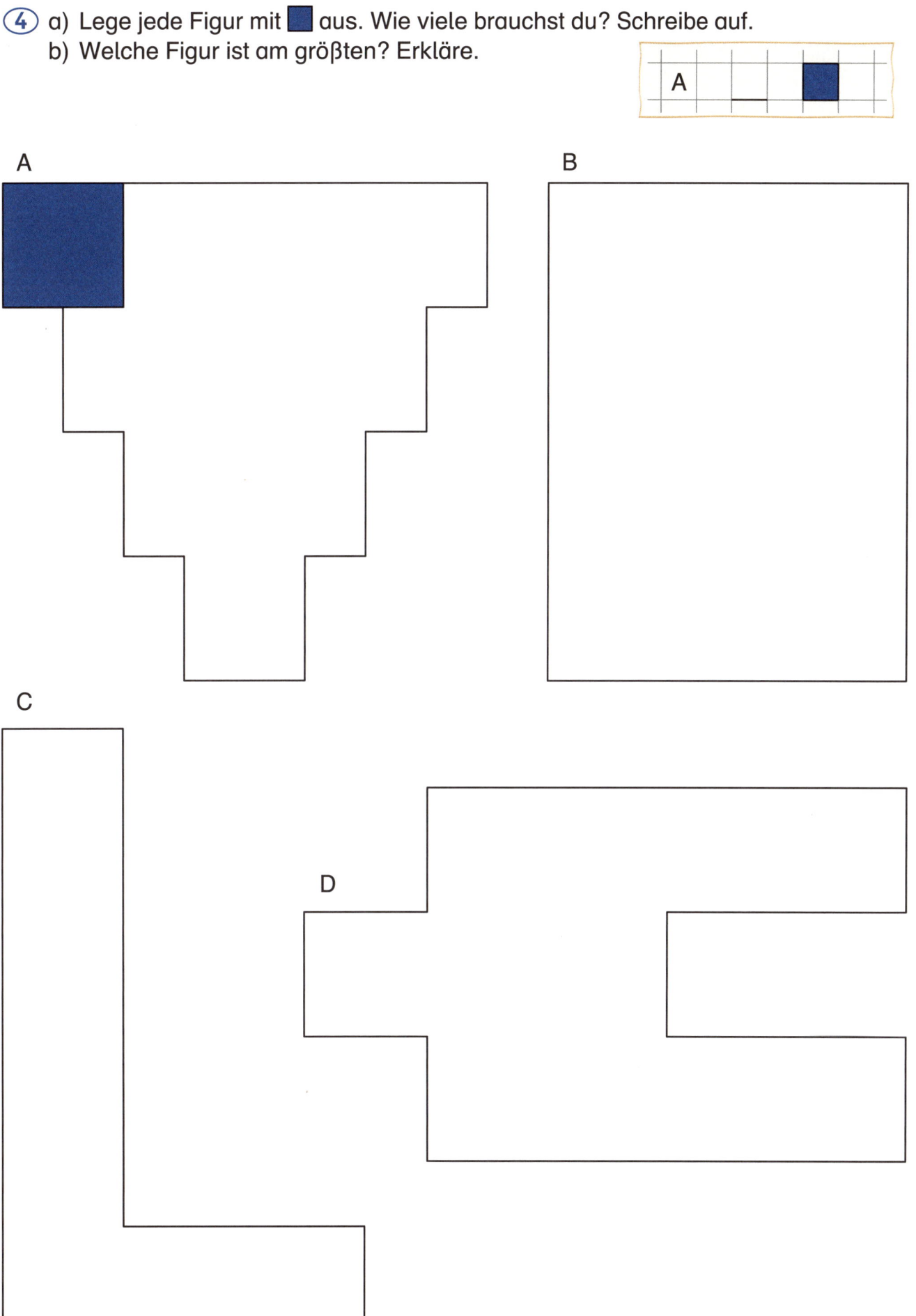

A

B

C

D

27

Dazulegen oder wegnehmen

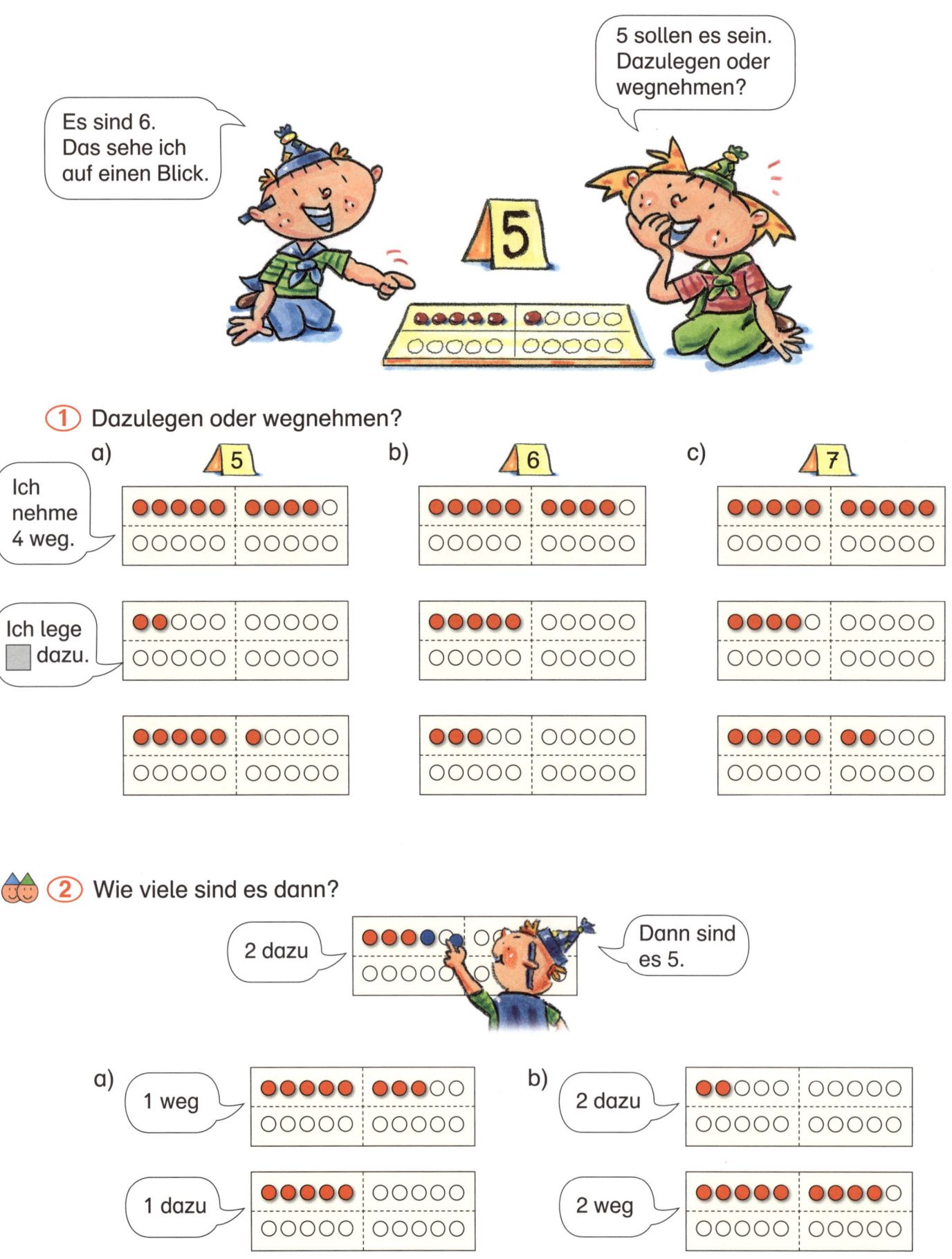

1 Dazulegen oder wegnehmen?

a) **5**

Ich nehme 4 weg.

Ich lege ▢ dazu.

b) **6**

c) **7**

2 Wie viele sind es dann?

2 dazu

Dann sind es 5.

a)

1 weg

1 dazu

b)

2 dazu

2 weg

c) Erfinde weitere Aufgaben.

4 dazu

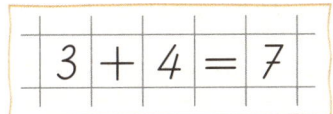

$3 + 4 = 7$

dazulegen „plus"

3 weg

wegnehmen „minus"

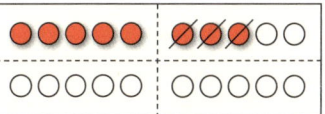

$8 - 3 = 5$

③ Schreibe die Rechnungen auf.

a)

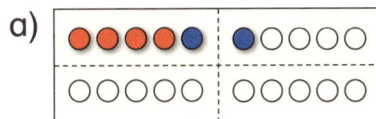

$4 + 2 = \square$

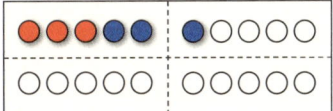

$3 + \square = \square$

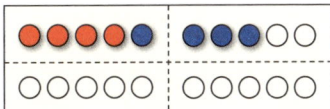

$\square + \square = \square$

$\square + \square = \square$

b)

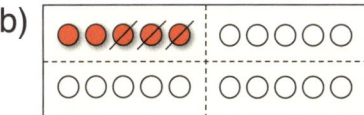

$5 - 3 = \square$

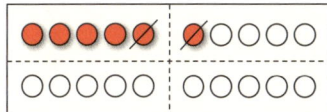

$6 - \square = \square$

$\square - \square = \square$

$\square - \square = \square$

④ Lege die Aufgaben. Schreibe die Rechnung auf.

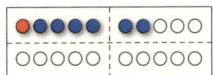 $1 + 6 = \square$

a) $1 + 6$ $7 + 1$

$3 + 2$ $3 + 5$

$2 + 4$ $5 + 2$

$0 + 3$ $4 + 3$

3, 5, 6, 7, 7, 7, 8, 8

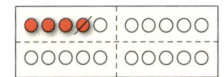 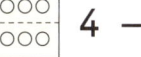 $4 - 1 = \square$

b) $4 - 1$ $9 - 2$

$5 - 3$ $7 - 2$

$8 - 4$ $3 - 1$

$6 - 6$ $6 - 0$

0, 2, 2, 3, 4, 5, 6, 7

Plus- und Minusrechnen

1 Lege Plusaufgaben. Schreibe auf.

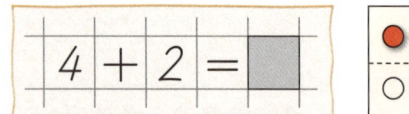 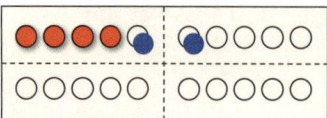 

Ich kontrolliere mit Plättchen.

a) 4 + 2	b) 3 + 2	c) 1 + 1	d) 5 + 3
7 + 2	5 + 1	4 + 3	2 + 3
3 + 1	2 + 5	2 + 6	3 + 0
6 + 2	4 + 0	6 + 3	3 + 3

4, 4, 5, 6, 6, 7, 8, 9   2, 3, 5, 6, 7, 8, 8, 9

2 Lege Minusaufgaben. Schreibe auf.

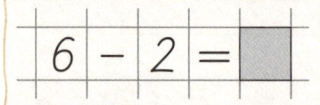 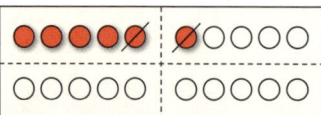

a) 6 − 2	b) 7 − 3	c) 3 − 2	d) 5 − 5
8 − 3	8 − 6	6 − 4	7 − 0
5 − 4	4 − 1	9 − 3	8 − 7
9 − 7	5 − 2	7 − 5	8 − 8

1, 2, 2, 3, 3, 4, 4, 5   0, 0, 1, 1, 2, 2, 6, 7

3 Achte auf das Rechenzeichen.

a) 5 + 3	b) 2 + 4	c) 1 + 5	d) 2 + 2
5 − 3	4 − 2	5 − 1	2 − 2
6 + 1	3 + 6	3 + 3	3 + 0
6 − 1	6 − 3	3 − 3	3 − 0

 4 Bilde aus diesen Zahlen möglichst viele Rechnungen.
Schreibe sie auf.

a)

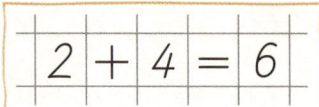

b)

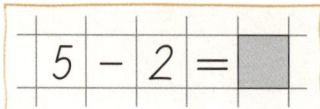

Achtung:
Du hast jede Ziffernkarte pro Aufgabe nur einmal!

⑤ Plus oder minus?

7 sind es. 4 sollen es werden. Also …

Zeichne und schreibe die Rechnung auf.

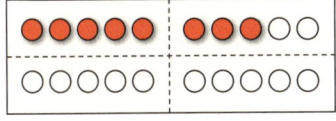

$7 - 3 = 4$

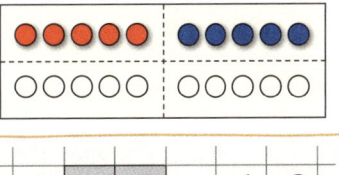

$5 + 5 = 1\ 0$

$2\ \square = 6$

$4\ \square = 3$

$8\ \square = 3$

$6\ \square = 9$

$3\ \square = 5$

$10\ \square = 7$

⑥ Lege dazu oder nimm weg. Rechne.

a)

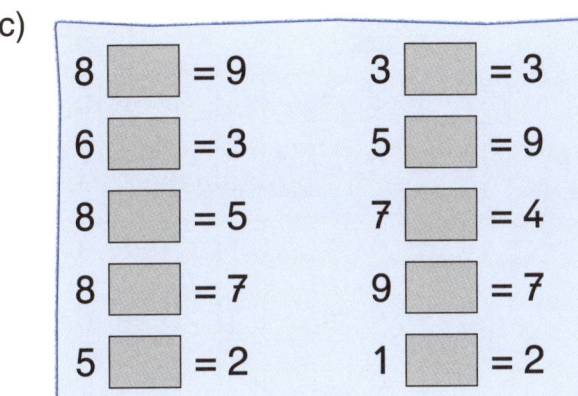

$4\ \square = 9$ $2\ \square = 3$

$6\ \square = 2$ $5\ \square = 8$

$7\ \square = 5$ $1\ \square = 4$

$8\ \square = 8$ $5\ \square = 7$

$9\ \square = 3$ $4\ \square = 2$

b)

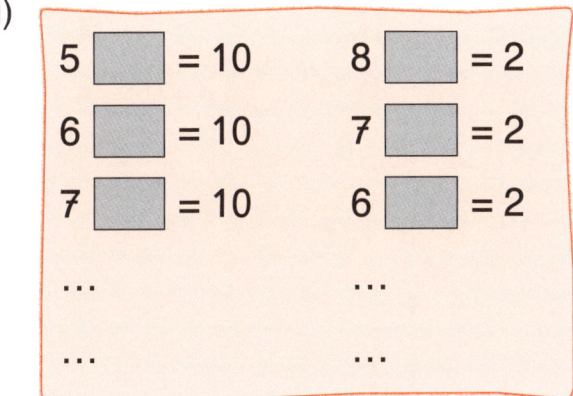

$6\ \square = 8$ $3\ \square = 9$

$3\ \square = 4$ $7\ \square = 2$

$1\ \square = 1$ $7\ \square = 8$

$5\ \square = 3$ $3\ \square = 8$

$10\ \square = 8$ $9\ \square = 10$

c)

$8\ \square = 9$ $3\ \square = 3$

$6\ \square = 3$ $5\ \square = 9$

$8\ \square = 5$ $7\ \square = 4$

$8\ \square = 7$ $9\ \square = 7$

$5\ \square = 2$ $1\ \square = 2$

d)

$5\ \square = 10$ $8\ \square = 2$

$6\ \square = 10$ $7\ \square = 2$

$7\ \square = 10$ $6\ \square = 2$

…   …

…   …

Würfeln

1 Würfelt und schreibt auf. Wer gewinnt?

2 Rechne. Wer gewinnt jeweils?

$6 + 1 = 7$ ✓
$5 + 1 = $
$4 + 4 = $
$\square + \square = \square$
$\square + \square = \square$

$3 + 2 = 5$
$4 + 3 = $
$\square + \square = \square$
$\square + \square = \square$
$\square + \square = \square$

Wer gewinnt die meisten Aufgaben?

3 Rechne. Wer gewinnt?

$3 + 6 = $
$4 + 5 = $
$6 + 1 = $
$4 + 3 = $
$1 + 6 = $

$5 + 2 = $
$4 + 1 = $
$6 + 6 = $
$5 + 5 = $
$2 + 4 = $

$2 + 3 = $
$5 + 3 = $
$1 + 4 = $
$3 + 4 = $
$2 + 6 = $

$3 + 5 = $
$2 + 1 = $
$4 + 4 = $
$5 + 6 = $
$6 + 2 = $

④ Bilde Aufgabe und Tauschaufgabe.

5 + 1 = ☐
1 + 5 = ☐

☐ + ☐ = ☐
☐ + ☐ = ☐

☐ + ☐ = ☐
☐ + ☐ = ☐

☐ + ☐ = ☐
☐ + ☐ = ☐

☐ + ☐ = ☐
☐ + ☐ = ☐

☐ + ☐ = ☐
☐ + ☐ = ☐

⑤ Wie groß ist der Unterschied?

Ich habe mehr.

Ich habe weniger.

Max rechnet so:

$$5 - 3 = \boxed{}$$

Lisa rechnet so:

$$3 + \boxed{} = 5$$

Würfelt, legt und rechnet wie Lisa und Max.

⑥ Lege und schreibe beide Rechnungen auf.

a)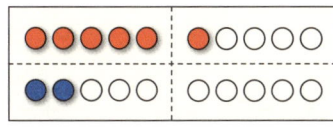
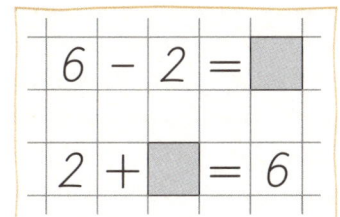

$$6 - 2 = \boxed{}$$

$$2 + \boxed{} = 6$$

b)

c)

d)

e)

f)

g) ? ?

33

Minusaufgaben zaubern

Simsala zaubert Hasen weg.

$$10 - 2 = 8$$

① Immer 10: Zaubere wie Simsala.

1	0	− 4 =	
1	0	− ▨ =	▨
...			

Wie viele Aufgaben gibt es denn?

Wie viele Minusaufgaben findest du? Vergleiche mit deinem Partner.

② Zaubere 🦋, 🐤, 🐌, ... weg.

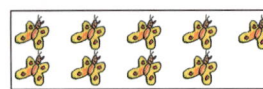   

9 − 3	8 − 3	7 − 3	?
9 − 1	8 − 1	7 − 1	
9 − 4	8 − 4	7 − 4	?
9 − 5	8 − 5	7 − 5	

2, 3, 3, 4, 4, 4, 5, 5, 6, 6, 7, 8

③ Rechne.

10 − 5	9 − 3	7 − 2	8 − 1	9 − 4
5 − 2	6 − 2	5 − 3	7 − 4	5 − 1
3 − 1	4 − 3	2 − 0	3 − 2	4 − 1
2 − 2	1 − 1	2 − 2	1 − 1	3 − 3

⭐ Was fällt dir auf?

… weg

Das ist die Umkehraufgabe.

… dazu

$$10 - 3 = 7$$

$$7 + 3 = 10$$

④ Zaubere weg und wieder dazu. Schreibe so auf:

Aufgabe	Umkehraufgabe
$10 - 3 = 7$	$7 + 3 = 10$
$9 - 4 = 5$	$5 + 4 = \square$
$8 - 2 = \square$	$\square + 2 = \square$
…	…

⑤ Schreibe Aufgabe und Umkehraufgabe auf. Rechne.

$8 - 4$	$7 - 2$	$8 - 7$	$7 - 7$	$6 - 3$
$7 - 3$	$5 - 4$	$6 - 4$	$8 - 2$	$5 - 2$
$6 - 1$	$8 - 3$	$9 - 6$	$10 - 4$	$9 - 5$

⑥ Es geht auch anders: Bim zaubert erst dazu, Simsala zaubert dann weg.

$$7 + 3 = 10 \qquad 10 - 3 = 7$$

… dazu

Aufgabe	Umkehraufgabe
$7 + 3 = 10$	$10 - 3 = 7$
$5 + 4 = 9$	$9 - 4 = \square$
…	…

… weg

⑦ Schreibe wieder Aufgabe und Umkehraufgabe auf.

$6 + 2$	$7 + 1$	$3 + 4$	$8 + 2$	$4 + 2$
$1 + 5$	$3 + 5$	$2 + 3$	$6 + 3$	$3 + 4$
$4 + 3$	$2 + 7$	$5 + 2$	$5 + 4$	$8 + 1$

Plusaufgaben bis 10 sammeln und ordnen

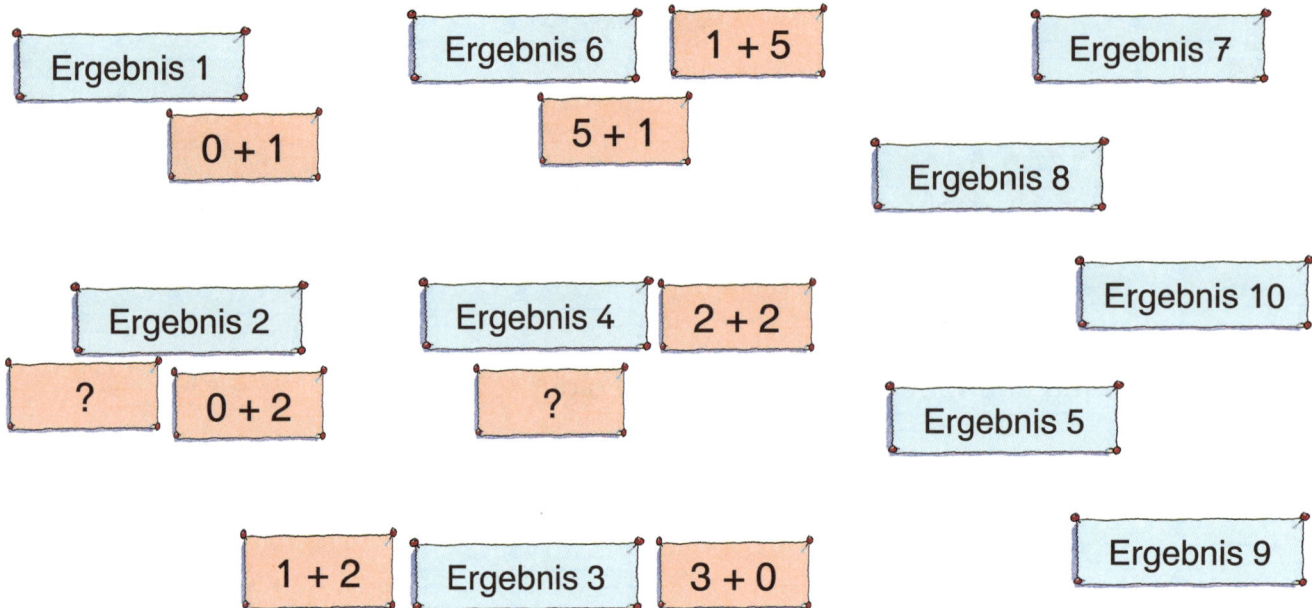

Ergebnis 1 · 0 + 1

Ergebnis 6 · 1 + 5 · 5 + 1

Ergebnis 7

Ergebnis 8

Ergebnis 2 · ? · 0 + 2

Ergebnis 4 · 2 + 2 · ?

Ergebnis 10

Ergebnis 5

1 + 2 · Ergebnis 3 · 3 + 0

Ergebnis 9

1 Schreibe mit deinem Partner Plusaufgaben zu diesen Ergebnissen.

2 Ordnet die Aufgaben. Vergleicht in der Gruppe.

3 So hat Simsala geordnet. Erkläre und ergänze.

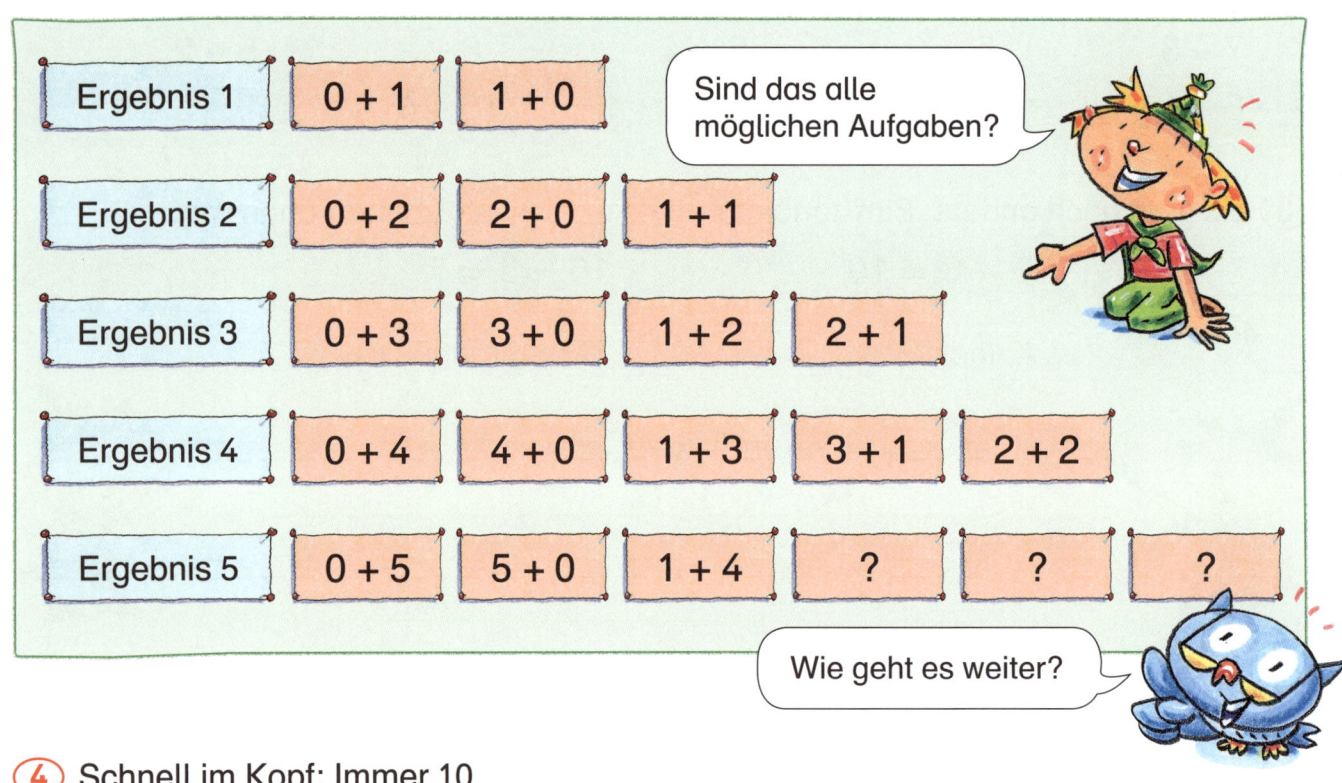

Ergebnis 1	0 + 1	1 + 0			
Ergebnis 2	0 + 2	2 + 0	1 + 1		
Ergebnis 3	0 + 3	3 + 0	1 + 2	2 + 1	
Ergebnis 4	0 + 4	4 + 0	1 + 3	3 + 1	2 + 2
Ergebnis 5	0 + 5	5 + 0	1 + 4	?	?	?

Sind das alle möglichen Aufgaben?

Wie geht es weiter?

4 Schnell im Kopf: Immer 10

9 + 1   8 + 2   7 + ☐   ☐ + ☐   ☐ + ☐
1 + 9   2 + ☐   ☐ + ☐   ☐ + ☐   ☐ + ☐

5 Schnell im Kopf: das Doppelte

| 1 + 1 | 2 + 2 | 3 + 3 | 4 + 4 | 5 + 5 |

6 Schnell im Kopf: Nachbaraufgaben

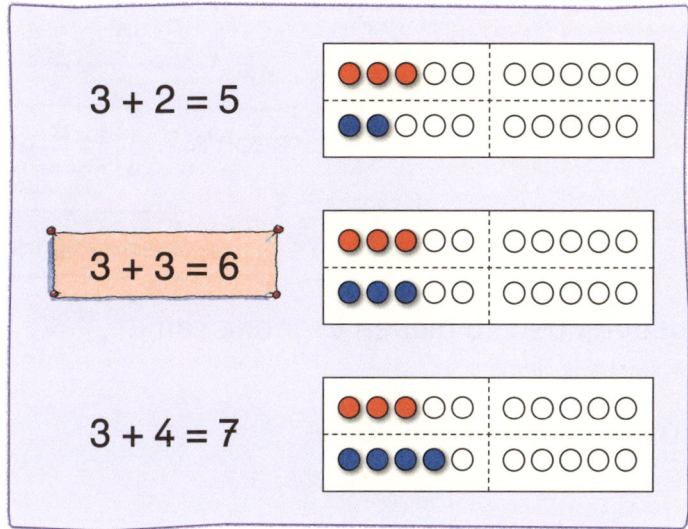

$3 + 2 = 5$

$3 + 3 = 6$

$3 + 4 = 7$

Schnell im Kopf: Verdoppeln und 1 mehr oder 1 weniger.

1 + 1	2 + 2	3 + 3	4 + 4	5 + 5
1 + 2	2 + 3	3 + 4	4 + 5	5 + 6
1 + 0	2 + 1	3 + 2	4 + 3	5 + 4

7 Schnell im Kopf

a) $+1$ und $1+$ Aufgaben

7 + 1	6 + 1	1 + 3	1 + 4	0 + 1
5 + 1	8 + 1	1 + 8	1 + 7	1 + 6

b) $+2$ und $2+$ Aufgaben

7 + 2	3 + 2	2 + 3	2 + 4	2 + 0
5 + 2	6 + 2	2 + 9	2 + 7	0 + 2
4 + 2	8 + 2	2 + 5	2 + 6	2 + 9

8 Schnell im Kopf: $5+$ und $+5$ Aufgaben

5 + 1	5 + 2	5 + 3	5 + 4	5 + 5
1 + 5	2 + 5	3 + 5	4 + 5	5 + 0

9 Welche Plusaufgaben findest du schwer? Schreibe in dein 📖.

Minusaufgaben bis 10 sammeln und ordnen

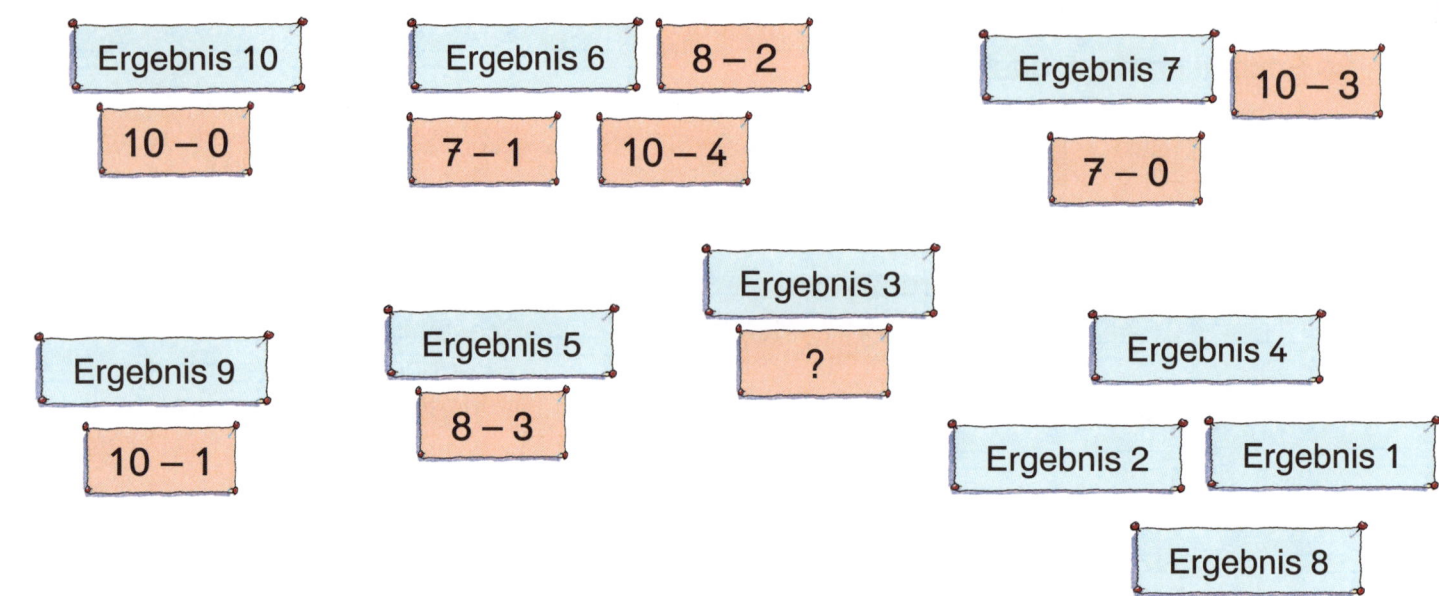

Ergebnis 10 · 10 – 0

Ergebnis 6 · 8 – 2 · 7 – 1 · 10 – 4

Ergebnis 7 · 10 – 3 · 7 – 0

Ergebnis 3 · ?

Ergebnis 9 · 10 – 1

Ergebnis 5 · 8 – 3

Ergebnis 4

Ergebnis 2

Ergebnis 1

Ergebnis 8

1 Schreibe mit deinem Partner Minusaufgaben zu diesen Ergebnissen.

2 Ordnet die Aufgaben. Vergleicht in der Gruppe.

3 So hat Bim geordnet. Erkläre und ergänze.

Ergebnis 10	10 – 0			
Ergebnis 9	9 – 0	10 – 1		
Ergebnis 8	8 – 0	9 – 1	10 – 2	
Ergebnis 7	7 – 0	8 – 1	9 – 2	10 – 3
Ergebnis 6	6 – 0	7 – 1	8 – 2	?	?

Sind das alle möglichen Aufgaben?

Wie geht es weiter?

4 Schnell im Kopf: Minusaufgaben mit 10 und Nachbaraufgaben

$10 - 1 = \square$ $10 - 2 = \square$ $10 - 3 = \square$ $10 - 4 = \square$

$9 - 1 = \square$ $9 - 2 = \square$ $9 - 3 = \square$ $9 - 4 = \square$

$10 - 6 = \square$ $10 - 7 = \square$ $10 - 8 = \square$ $10 - 9 = \square$

$9 - \square = \square$ $9 - \square = \square$ $9 - \square = \square$ $9 - \square = \square$

5 Schnell im Kopf: die Hälfte

10	8	6	4	2

5 + 5   ☐ + ☐   ☐ + ☐   ☐ + ☐   ☐ + ☐

10 − 5 = ☐   8 − 4 = ☐   6 − 3 = ☐   4 − 2 = ☐   2 − 1 = ☐

6 Schnell im Kopf: Aufgaben mit −0, −1 und −2

a) 1 − 0   2 − 0   3 − 0   4 − 0   5 − 0

6 − 0   7 − 0   8 − 0   9 − 0   10 − 0

b) 10 − 1   9 − 1   8 − 1   7 − 1   6 − 1

5 − 1   4 − 1   3 − 1   2 − 1   1 − 1

c) 7 − 2   2 − 2   9 − 2   8 − 2   10 − 2

6 − 2   4 − 2   3 − 2   5 − 2   11 − 2

7 Schnell im Kopf: Aufgaben mit Ergebnis 5

 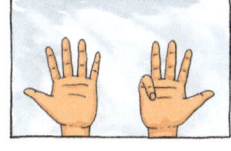  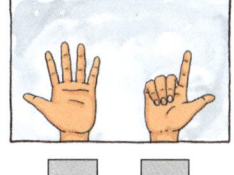 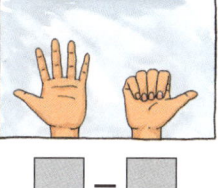

10 − 5   9 − ☐   ☐ − ☐   ☐ − ☐   ☐ − ☐

8 Aufgaben mit Ergebnis 1 oder 2 : Rechne. Was fällt dir auf?

Ergebnis 1	8 − 7	7 − 6	6 − 5	5 − 4	4 − 3
Ergebnis 2	5 − 3	6 − 4	7 − 5	8 − 6	9 − 7

Mir fällt auf, dass, …   Die erste Zahl …   Die zweite Zahl …

9 Welche Minusaufgaben findest du schwer? Schreibe in dein .

1 Rechengeschichten sind überall. Erzähle.

2 Erzählt zu jedem Stand eine Rechengeschichte. Schreibt die Rechnung auf.

5 🥨 im Stand 1 und 5 🥨 dazu.

1 $5 + 5 =$ ▢

3 Schreibe eine Rechnung zu jeder Geschichte.

Opa kauft 5 ⭐ für Oma und 3 ⭐ für Mama.	Opa will 10 🔴 für seinen 🌲. Er hat aber nur 3 🔴.

Oma kauft 8 🎲. Sie isst 2 auf.

Franz hat 4 👼. Er kauft noch 3.	In der Tüte sind 10 🌰. Lisa verschenkt 4.

Im 🚌 sind 12 🧍. 5 steigen aus.

4 Erfinde selbst eine Geschichte zum Rechnen.

Drei Zahlen – vier Aufgaben

2 Plusaufgaben

2 Minusaufgaben

$3 + 6 = 9$ $9 - 6 = 3$

$6 + 3 = 9$ $9 - 3 = 6$

① Lege die Karten wie Simsala und Bim. Erkläre.
Schreibe die Rechnungen auf.

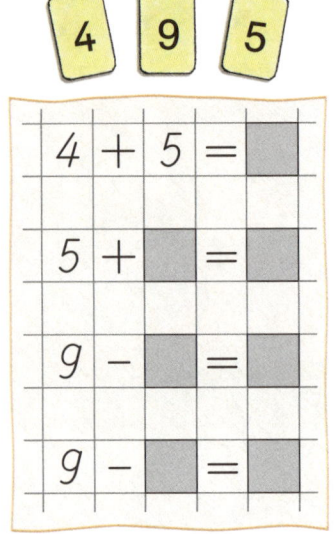

| 4 | 9 | 5 |

$4 + 5 =$	
$5 +$	$=$
$9 -$	$=$
$9 -$	$=$

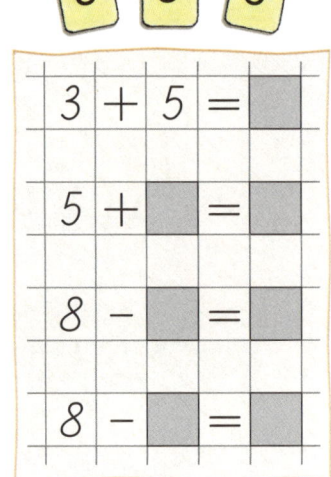

| 8 | 3 | 5 |

$3 + 5 =$	
$5 +$	$=$
$8 -$	$=$
$8 -$	$=$

3	4	7
2	10	8
7	1	6
1	10	9

② Schreibe die Rechnungen auf.

a)

9	2	7
2	5	7
6	10	4
8	1	7

b)

1	2	3
8	6	2
6	1	5
6	1	7

 c)

10	7	3
11	9	2
6	11	5
5	12	7

③ Deine Zahlen: 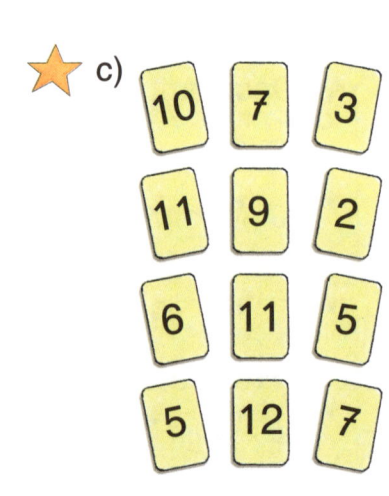   ? ? ?

4 3 Zahlen – wie viele Aufgaben? Erkläre.

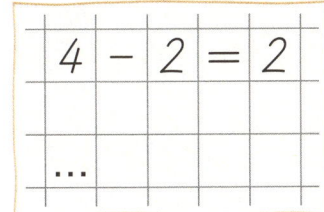

$$4 - 2 = 2$$
...

Ist das hier genauso?

5 Wie heißt die dritte Zahl? Es gibt immer 2 Möglichkeiten. Erkläre.

10 passt.

4 auch.

Schreibe die Rechnungen zu beiden Möglichkeiten auf.

6 Sind die 3 Zahlen richtig gewählt?
Falls nicht: Ändere die Zahlen so, dass 4 Rechnungen möglich sind.

4	3	7	✓
8	2	5̶	6

Hier gibt es mehrere Möglichkeiten!

a)

4	3	7
8	2	5
1	8	6
5	2	8

b)

5	2	4
8	1	7
4	10	6
9	1	7

c)

6	9	3
3	5	7
6	8	2
3	2	6

0 1 2 3 4 5 6 7 8 9

> Verwende jede Ziffernkarte pro Aufgabe nur einmal!

①

Bilde aus 2 Karten Plusrechnungen.

z. B. `6` + `3`

Schreibe so:

| 6 | + | 3 | = | 9 |

Lege nun selbst Aufgaben mit deinen Ziffernkärtchen.

②

Bilde aus 2 Karten Minusrechnungen.

z. B. `6` – `3`

Schreibe so:

| 6 | – | 3 | = | 3 |

Lege nun selbst Aufgaben mit deinen Ziffernkärtchen.

③

Zielzahl 10

z. B. `6` + `4`

Schreibe so:

| 6 | + | 4 | = | 1 | 0 |

a) Bilde möglichst viele Rechnungen.

 b) Ordnet eure Aufgaben. Habt ihr alle gefunden?

④

Zielzahl 20

z. B. `1` `6` + `4`

z. B. `1` `2` + `8`

Schreibe so:

| 1 | 6 | + | 4 | = | 2 | 0 |
| 1 | 2 | + | 8 | = | | |

 Wie viele Rechnungen kannst du bilden? Findest du alle? Vergleiche mit deinem Partner.

⑤ Zahlen tauschen

Wähle 2 Ziffernkarten. Bilde daraus eine Plusrechnung.

z.B. 2 + 5

Tausche jetzt die beiden Zahlen. Rechne.

z.B. 5 + 2   Schreibe so:

2	+	5	=	7
5	+	2	=	

Was stellst du fest?
Warum ist das so?

⑥ Verwandte Plus- und Minusaufgaben

Wähle 3 Ziffernkarten so, dass du daraus eine Plusrechnung bilden kannst.

z.B. 2 + 5 = 7

Dein Partner bildet mit den gleichen Zahlen eine Minusrechnung.

z.B. 7 − 5 = 2

Schreibt beide Rechnungen auf.

⑦ Viele Rechnungen

Lege alle 10 Ziffernkarten vor dich hin. Bilde mit 3 Karten eine Rechnung.

z.B. 2 + 5 = 7

Versuche, aus den restlichen Ziffernkarten noch eine Rechnung zu bilden.

z. B. 1 + 8 = 9

Kannst du auch 3 Rechnungen legen?

 ① Rechengeschichten sind überall. Erzählt.

a) Sucht Plusaufgaben.

Es gibt 3 rote und 3 gelbe Ballons.

$$3 + 3 = \square$$

4 Ballons hängen, Lisa hängt noch 2 dazu.

$$4 + 2 = \square$$

b) Sucht auch Minusaufgaben.

Es lagen 6 Bonbons auf dem Tisch. 2 wurden schon gegessen.

$$6 - 2 = \square$$

?

$$\square - \square = \square$$

 ② a) Erzählt und rechnet.

b) Zeichne ein eigenes Bild. Schreibe dazu Rechnungen.

3 Was ist passiert? Erzähle und rechne.

a)

5 [ ] = 3

b)

3 [ ] = 5

c)

[ ] [ ] = [ ]

d)
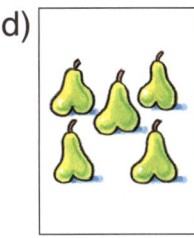  

[ ] [ ] = [ ]

e) Denke dir selbst solche Aufgaben aus.

 4 Erzählt und rechnet. Passen mehrere Aufgaben?

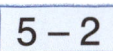 5 – 2   3 + 2   ?

5 Rechne. Male oder schreibe zu einigen Rechnungen Geschichten.

a) 9 – 3 = [ ]
   7 – 5 = [ ]
   5 + 2 = [ ]
   1 + 5 = [ ]

b) 1 [ ] = 5
   3 [ ] = 8
   7 [ ] = 4
   10 [ ] = 7

c) 6 [ ] = 2
   5 [ ] = 9
   10 [ ] = 6
   10 [ ] = 10

① Wie heißt die Zauberregel? Finde weitere Zahlenpaare.
Simsala legt die Kartenpaare untereinander und schreibt so:

② Wie wird hier gezaubert? Schreibe auf. Finde weitere Zahlenpaare.

a)

b)

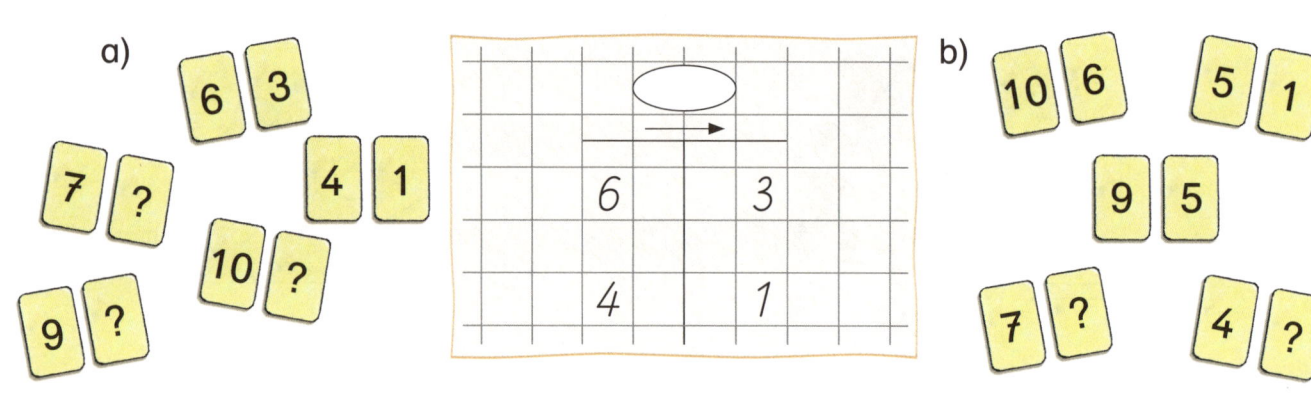

③ Finde Zahlenpaare zu diesen Zauberregeln.

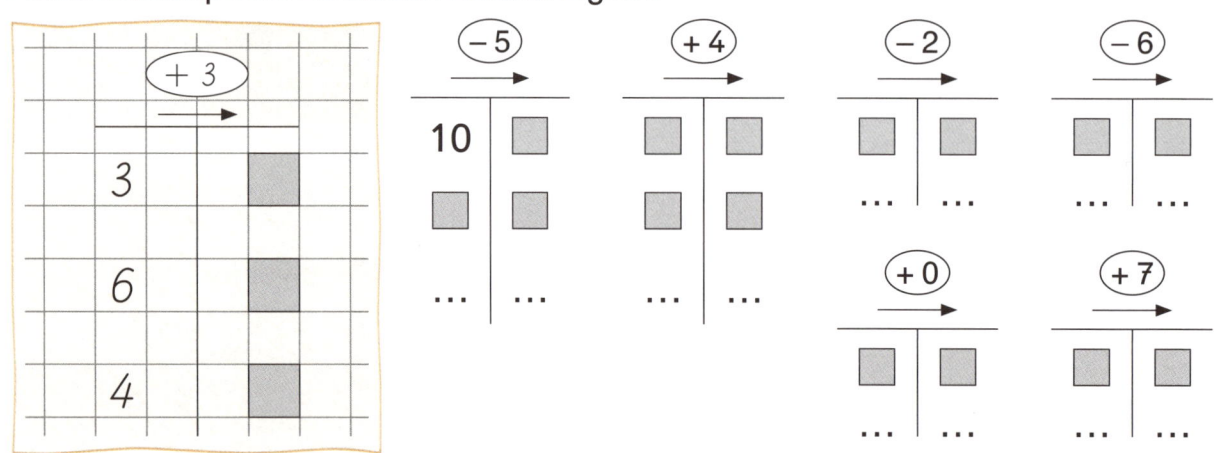

 ④ Erfinde selbst Zahlenpaare. Dein Partner nennt die Regel.

5 Finde die erste oder zweite Zahl.

a) Zauberregel (+5)

b) Zauberregel (−4)

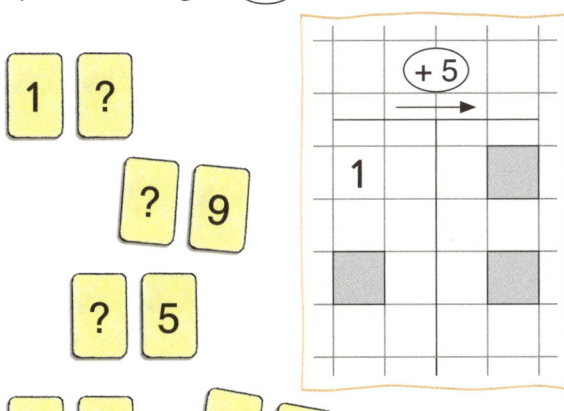

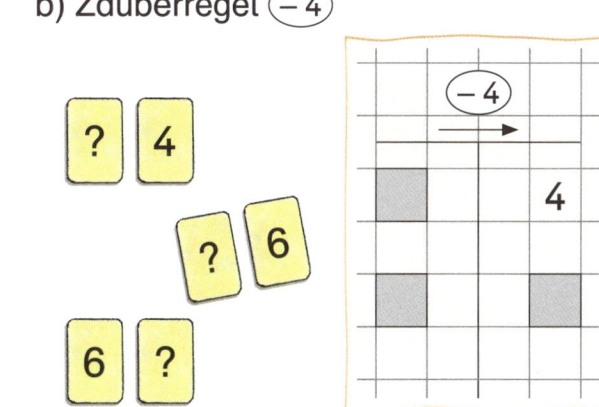

6

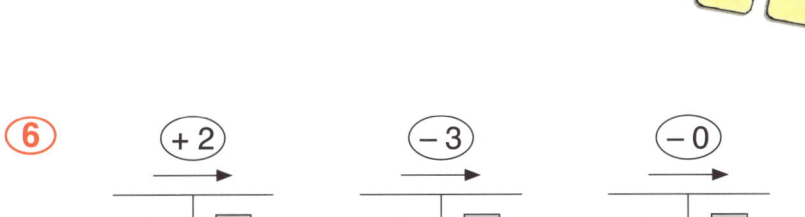

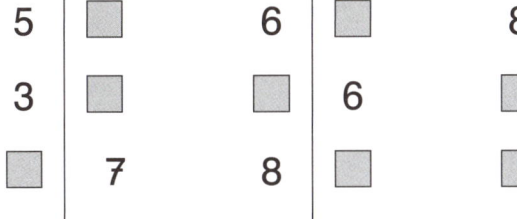

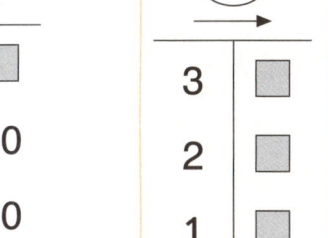

0, 3, 4, 5, 5, 5, 5, 5, 7, 8, 8, 9, 10

7 Hier sind zwei Zauberregeln durcheinandergeraten.
a) Ordne und schreibe auf.

b) Finde zu jeder Regel weitere Zahlenpaare.

⭐ **8** Eine besondere Zauberregel. Erkläre.

Drei Ecken kannst du finden
am Haus, am Schirm, am Baum,
doch so ein Dreiecksvogel
erscheint dir nur im Traum.

Ein Viereck hat vier Ecken,
das weiß doch jedes Kind.
An Drachen, Heft und Fenster
kannst du das seh'n geschwind.

| Dreiecke | Vierecke |

① Viele Figuren aus Vierecken, Dreiecken und Kreisen:

Zeichne selbst freihändig oder mit Lineal in dein 📖.

Kuh Elsa

Käpt'n Blaubärs
Traumboot

Geheimpost

Scharfzahn

Brülli

… oder rund?

AH S. 35

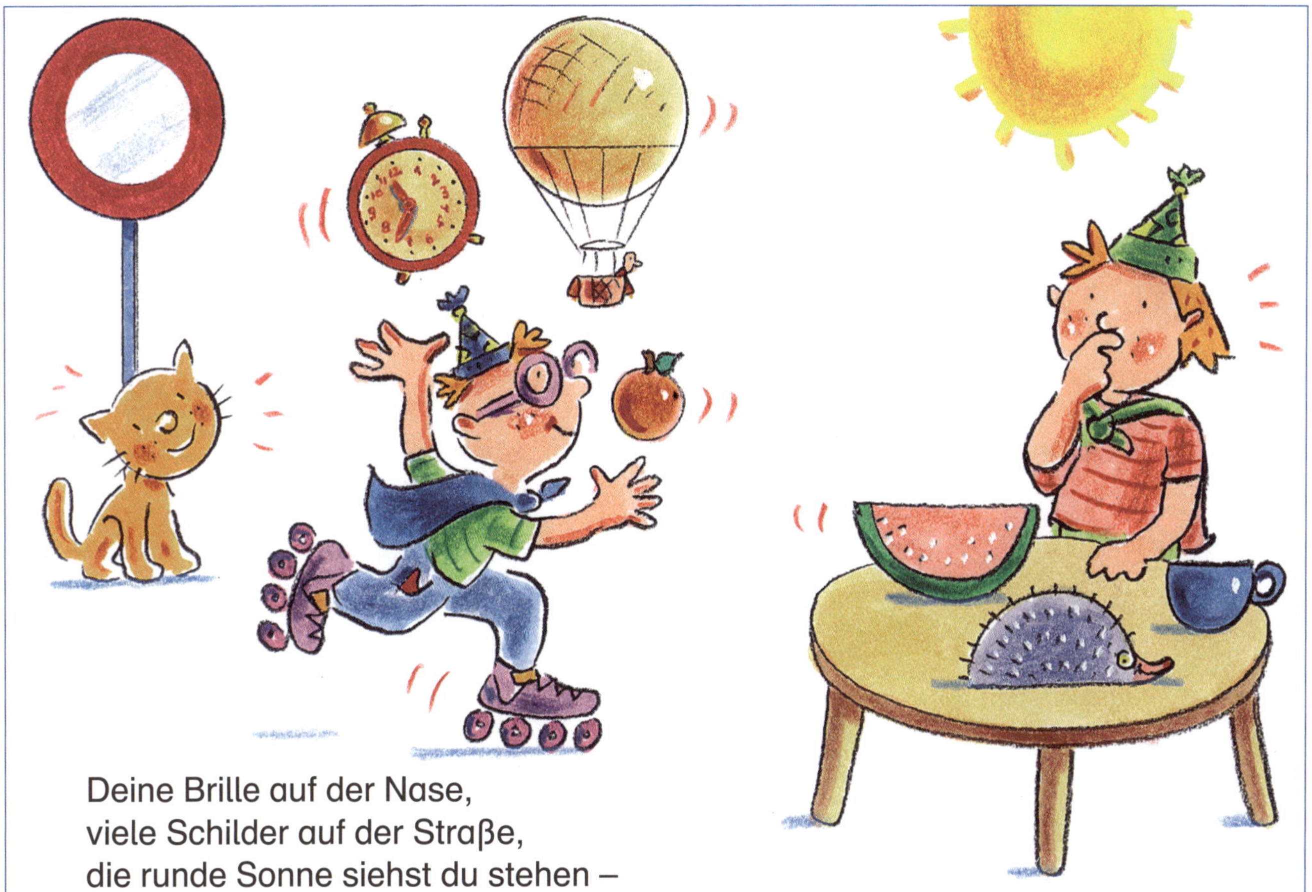

Deine Brille auf der Nase,
viele Schilder auf der Straße,
die runde Sonne siehst du stehen –
wo kannst du sonst noch Kreise sehen?

Kreise

(2) Nanu? Was meinst du dazu?

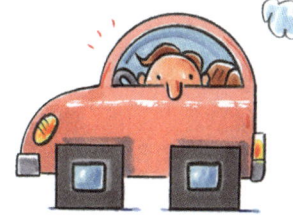

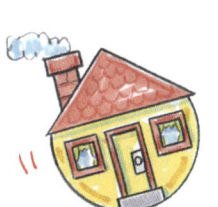

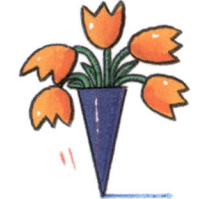

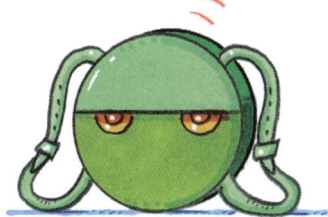

(3) Kreise ○, Vierecke □, Dreiecke △

○ Kreise

□ Vierecke

△ Dreiecke

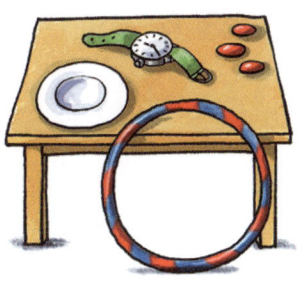

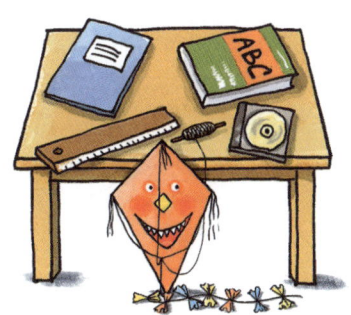

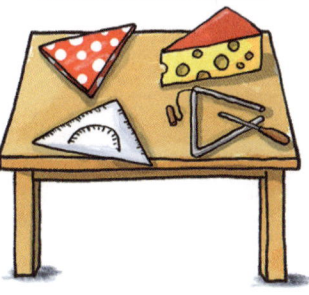

Macht eine Ausstellung.

Flächenformen

① Bim hat Flächen ausgeschnitten und sortiert.

a) Erkläre.

b) Finde Namen für jede Gruppe.

> Rechts oben liegen …

> Die Flächen links haben …

> … hat … Seiten.

> … hat … Ecken.

② Alles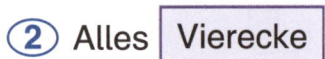

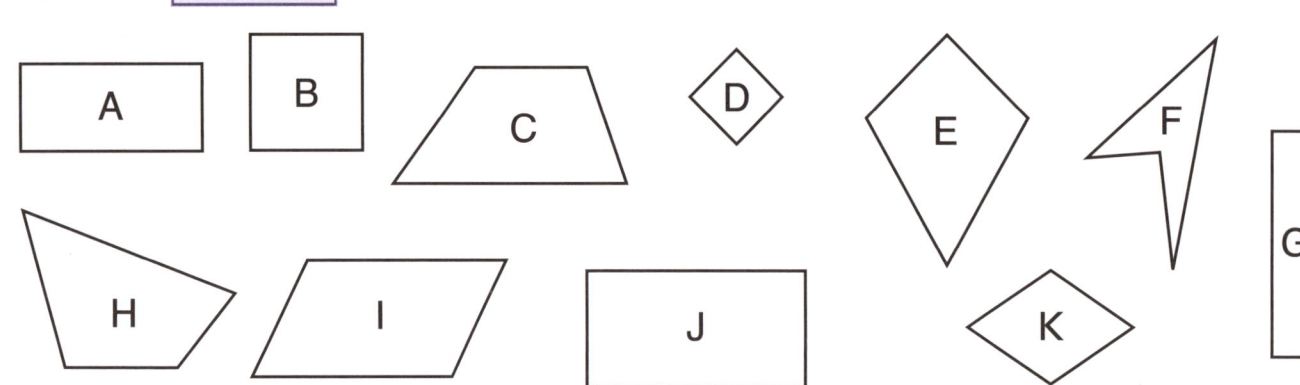

a) Beschreibe: Was haben sie gemeinsam? Wie unterscheiden sie sich?

b) Schneidet selbst Vierecke aus. Wie könnt ihr sie sortieren?

③ Falte einen Eckenmesser.

> Eine „besondere Ecke"!

Suche Vierecke mit „besonderen Ecken".

(4) Sortiert eure Vierecke so:

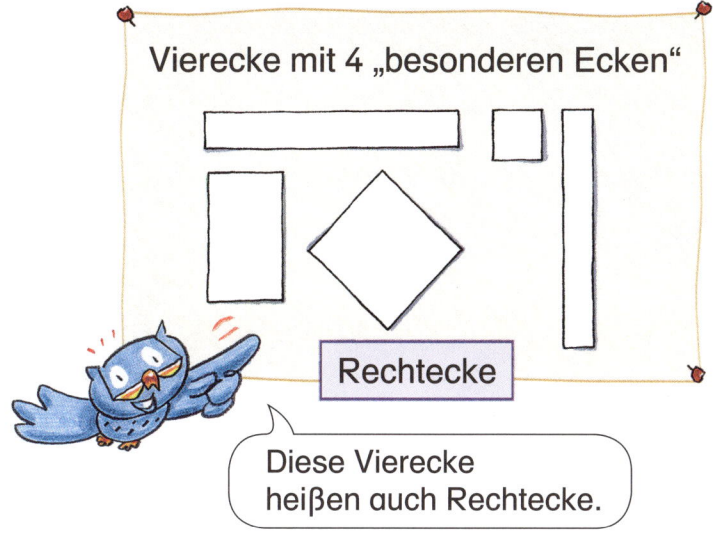

Vierecke mit 4 „besonderen Ecken"

Rechtecke

Diese Vierecke heißen auch Rechtecke.

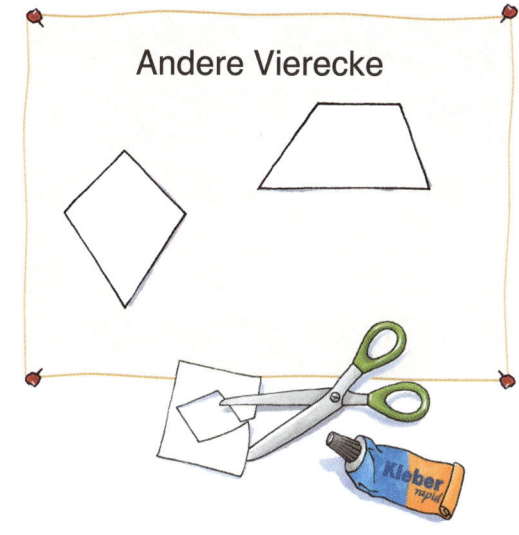

Andere Vierecke

 (5) Was ist an diesen Rechtecken besonders?

Quadrate

Diese Rechtecke heißen auch Quadrate.

Malt alle Quadrate auf euren Plakaten aus.

(6) a) Erkläre.

| Vierecke | Rechtecke | Quadrate |

… sind Flächen mit …   Sie haben …   … sind Vierecke mit …   ?

b) Zeichne verschiedene Vierecke in dein 📖 . Färbe alle Rechtecke. Kreise alle Quadrate ein.

(7) a) Betrachte dieses Kunstwerk. Was fällt dir auf?

b) Wo entdeckst du Quadrate, Rechtecke, Dreiecke und Kreise?

c) Gestaltet ein ähnliches Kunstwerk.

Konfetti
Wolfgang Achmann 2002

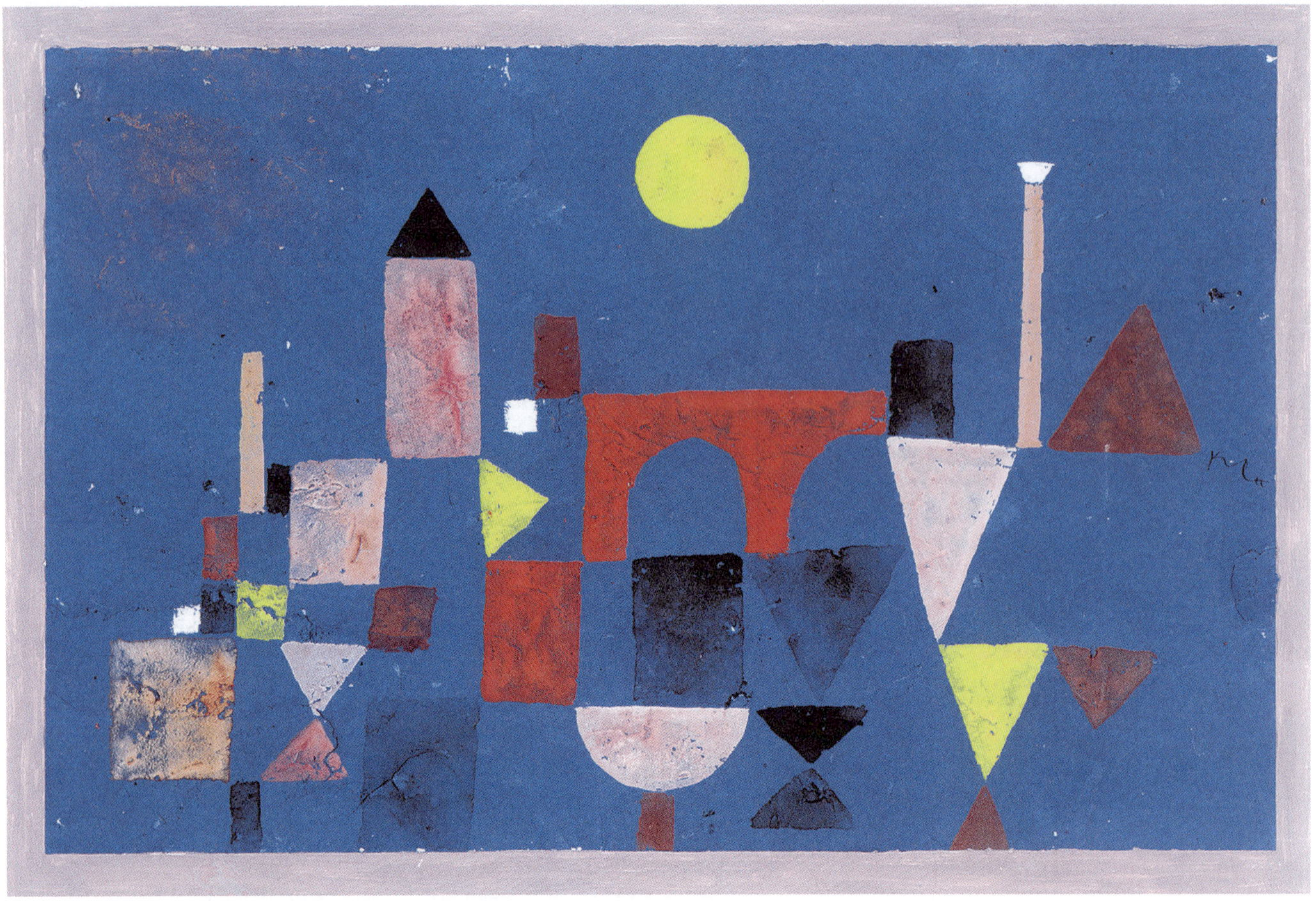

Die rote Brücke, Paul Klee, 1928

① Welche Formen erkennst du?
Welche fallen dir besonders auf?

 ② Stellt die Formen als Stempel her. Druckt ähnliche Bilder.

  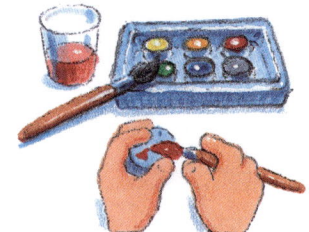

③ Du kannst auch malen oder zeichnen.

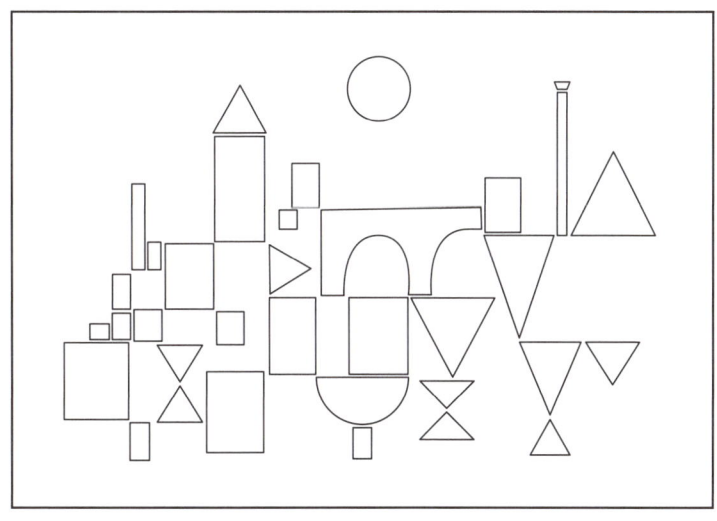

 ④ Es gibt Künstler, die Bilder „aufräumen".
Vergleicht das „aufgeräumte" Bild mit dem Bild von Paul Klee „Die rote Brücke".

 ⑤ Räumt das Bild oben nach Formen auf.

    a) Sucht einige Formen aus und schneidet sie aus.

    b) Klebt sie geordnet auf.

1 Immer 10: Welche Zahl fehlt? Schreibe auf.

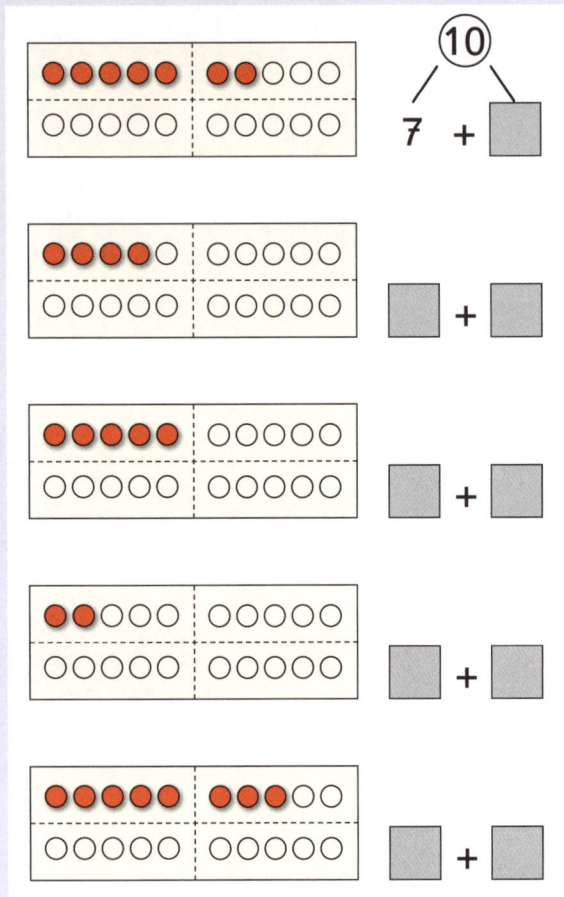
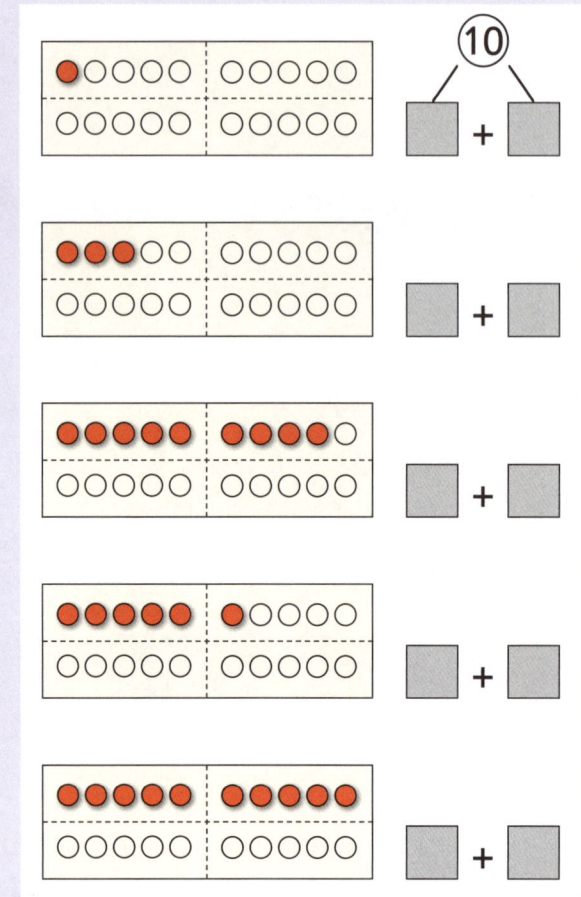

2 Immer 9, immer 8, immer 7: Schreibe alle Zerlegungen auf.

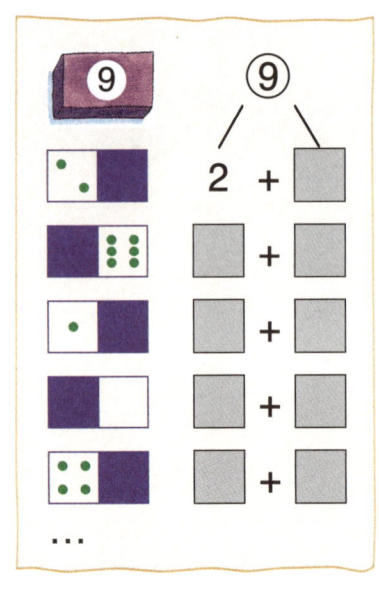
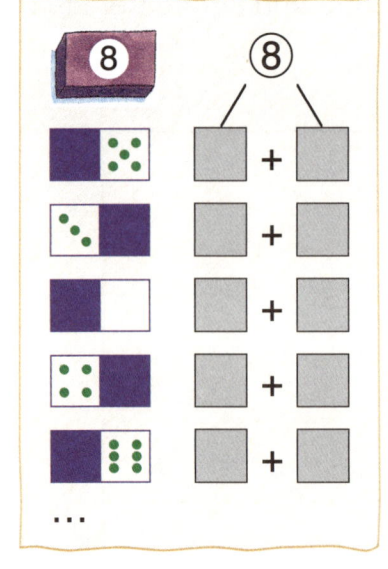
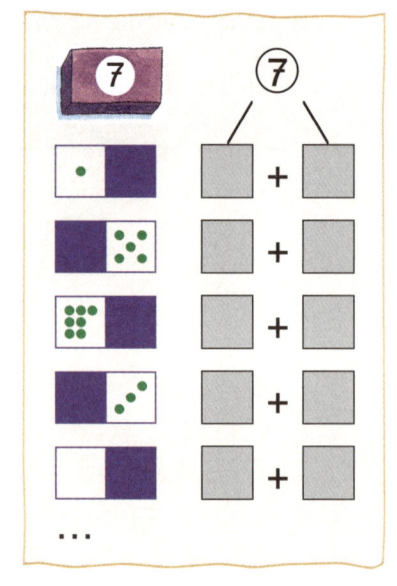

3 Schreibe alle Zerlegungen der Zahlen von 1 bis 10 in dein .

4 Das Doppelte und Nachbaraufgaben

4 + 4	3 + 3	5 + 5
4 + 3	3 + 4	5 + 6
4 + 5	3 + 2	5 + 4

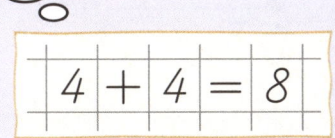

5 Schnell im Kopf: die Hälfte von …

2	8	6	4	10
1 + 1	☐ + ☐	☐ + ☐	☐ + ☐	☐ + ☐
2 − 1 = ☐	8 − 4 = ☐	6 − 3 = ☐	4 − 2 = ☐	10 − 5 = ☐

6 Rechne.

a) 5 + 1	b) 10 − 5	c) 6 + 3	d) 7 − 6	e) 8 − 4
5 + 3	8 − 3	3 + 4	8 − 7	5 + 5
4 + 5	6 − 1	2 + 7	6 − 5	9 − 6
2 + 5	7 − 2	4 + 6	4 − 3	2 + 6

7 3 Zahlen – 4 Aufgaben

a) Schreibe die Rechnungen auf.

b) Wie heißt die dritte Karte?
   Es gibt jeweils 2 Möglichkeiten.
   Schreibe die Rechnungen auf.

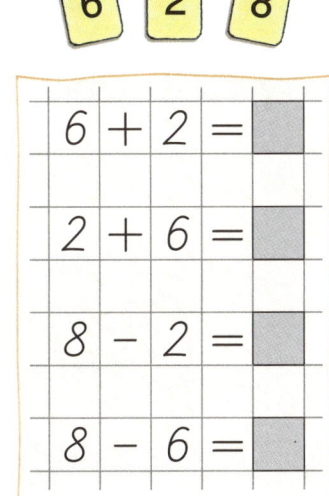

6	+	2	=
2	+	6	=
8	−	2	=
8	−	6	=

4 3 7

5 4 9

9 3 6

7 2 5

6 4 ?

1 7 ?

5 3 ?

10 5 ?

Ein Bild – viele Rechnungen

1 Ein Bild – viele Geschichten – viele Rechnungen
a) Erzähle Geschichten zum Bild.

b) Finde zu jeder Rechnung die passende Geschichte.

2 Finde zu jedem Bild verschiedene Geschichten.
Schreibe die Rechnungen auf.

a)

b)

In jedem Bild stecken mehrere Rechnungen.

c)

d)

3 Welche Rechnungen passen zu den Bildern? Schreibe sie auf und rechne.

a)

$2 + 4 = \square$ $4 + 2 = \square$

$7 - 3 = \square$ $6 - 2 = \square$

b) $2 + 2 + 2 = \square$ $4 + 2 = \square$

$6 - 4 = \square$ $5 + 3 = \square$

4 Welche Bilder passen? Schreibe zu den Rechnungen die passenden Buchstaben.

a)

2 + 5 = ☐

A    B    C

b)

6 − 3 = ☐

A    B    C

c)

1 + 4 = ☐

A    B    C

5 Malt Bilder zu den Rechnungen.

| 2 + 6 = 8 | 9 − 4 = 5 | 4 − 3 = 1 |

Legt eure Bilder zu den Aufgaben.
Erzählt und vergleicht.

6 Welche Geschichten passen zu 2 + 4 = ☐ ?

a)
Susi hat 2 Mathehefte
und 4 Schreibhefte.

Wie viele Hefte
hat sie?

b)
Moni hat 4 Luft-
ballons. 2 Ballons
zerplatzen.

Wie viele Ballons
hat sie noch?

c)
Im Hof sind 4 Katzen
und 2 Hunde.

Wie viele Tiere
sind das?

7 Welche Geschichten passen zu 7 − 3 = ☐ ?

a)
Uli hat 7 Murmeln.
3 Murmeln verschenkt
er.

Wie viele Murmeln hat
er nun?

b)
Auf der Wiese stehen
7 Schafe. 3 laufen weg.

Wie viele Schafe sind
es jetzt?

c)
Max hat 7 Autos.
Seine Oma schenkt
ihm noch 3.

Wie viele Autos hat
Max nun?

Welche Zahl steht im Zielstein?

```
    5   6
  3   2   4
```

① Wie ist eine Zahlenmauer aufgebaut? Überlege und erkläre.
Welche Zahl gehört in den Zielstein?

② Zeichne ins Heft und rechne.

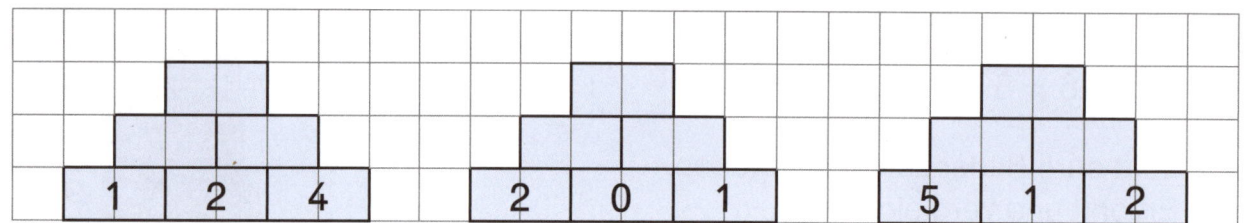

```
  1  2  4        2  0  1        5  1  2
```

③ Gleiche Grundsteine – verschiedene Mauern. Rechne. Was fällt dir auf?

a)

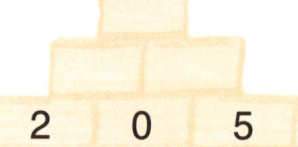

```
  2   0   5        2   5   0
```

Bilde noch mehr Mauern mit diesen Grundsteinen.

```
0  2  5
```

b)

```
  4   2   1        2   1   4
```

```
2  4  1
```

④ a) Baue mit diesen Grundsteinen verschiedene Mauern.

```
3  2  1
```

b) Finde den größten Zielstein.
Finde den kleinsten Zielstein.
Wie hast du das herausgefunden?
Überprüfe deine Regel mit
anderen Grundsteinen.

5 Welche Zahlen fehlen? Erkläre, wie du rechnest.

Ich rechne hier 6 – 3.

☐ + 6 = 10?

10
6
1   3

6 Zeichne ins Heft und rechne.

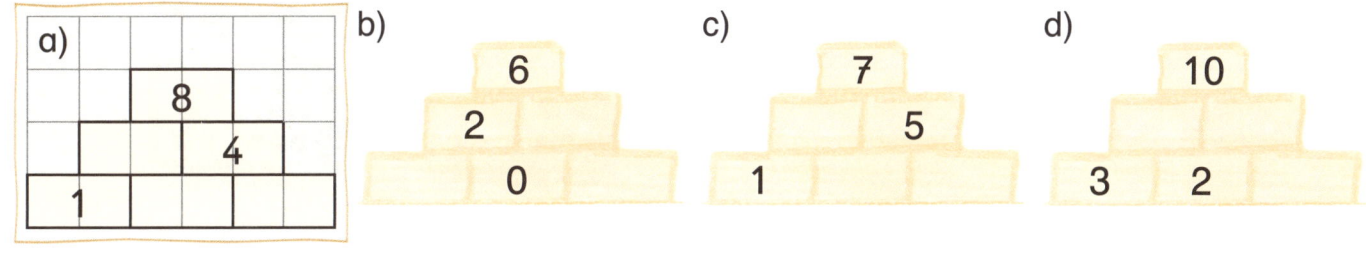

a)
```
      8
        4
1
```

b)
```
   6
 2
   0
```

c)
```
      7
        5
 1
```

d)
```
      10
   3    2
```

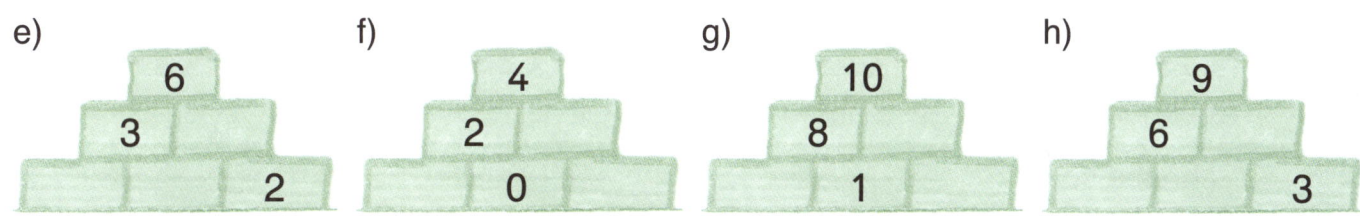

e)
```
   6
 3
     2
```

f)
```
   4
 2
   0
```

g)
```
   10
 8
     1
```

h)
```
   9
 6
     3
```

7 Zielstein 8
Suche für jede Mauer verschiedene Lösungen.

```
   8
 4   4
```
```
   8
 5   3
```
```
   8
 6   2
```
```
   8
```

 **8** Findet möglichst viele Mauern mit diesen Zielsteinen.
Vergleicht eure Mauern. Ordnet sie.

```
   5
```
```
   6
```

Findet ihr in der Klasse alle
Mauern mit diesen Zielsteinen?

9 Wähle selbst Zielsteine und erfinde Zahlenmauern in deinem .

Links und rechts – immer gleich viel

①  Was haben die linke und die rechte Schachtel gemeinsam?

② Immer gleich viel:
Eine linke und eine rechte Schachtel gehören zusammen.

Schreibe so auf:

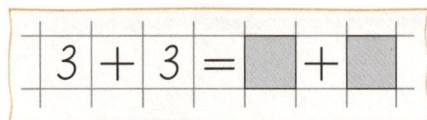

$$3 + 3 = \boxed{} + \boxed{}$$

Was bedeutet hier (=) ?

③ Immer gleich viel:
Eine linke und eine rechte Rechnung gehören zusammen.

Schreibe so auf:

$$5 + 2 = \boxed{} + \boxed{}$$

$$5 + 2 = \boxed{} + \boxed{}$$
$$\underbrace{}_{7} \qquad \underbrace{}_{7}$$

Ich schreibe es mir so auf.

5 + 2	1 + 0
7 + 3	0 + 3
2 + 1	4 + 5
4 + 1	8 + 2
0 + 1	6 + 1
7 + 2	3 + 2

④ Auch hier immer gleich viel? Erkläre.

$$5 + 2 = 10 - 3 \qquad 8 - 1 = 3 + 4 \qquad 6 - 2 = 10 - 6$$

⑤ Finde passende Rechnungen.

$$6 + 3 = \boxed{} - \boxed{} \qquad 7 + 3 = \boxed{} + \boxed{} \qquad 7 + 0 = \boxed{} - \boxed{}$$

$$8 - 5 = \boxed{} + \boxed{} \qquad 6 - 5 = \boxed{} - \boxed{} \qquad \boxed{} + \boxed{} = \boxed{} - \boxed{}$$

6 Immer gleich viel: links eine Zahl – rechts eine Rechnung

$$6 = 4 + 2$$

a) $6 = 4 + 2$ b) $8 = \square + \square$ c) $10 = \square + \square$ d) $12 = \square + \square$

   $6 = \square + \square$ $8 = \square + \square$ $10 = \square + \square$ $12 = \square + \square$

   …   …   …   …

Wie viele Aufgaben findest du zu einem Ergebnis? Vergleiche mit deinem Partner.

7 Wie viele Kugeln sind verdeckt? Überlege.

   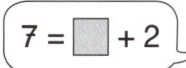   

$$7 = \square + 2$$

Nehmt eure Schüttelschachteln und stellt euch Aufgaben.

8 Immer gleich viel: Welche Zahl fehlt?

a)

$7 = \square + 3$	$8 = \square + 1$	$6 = 0 + \square$	$9 = 4 + \square$
$7 = \square + 4$	$8 = \square + 6$	$6 = 5 + \square$	$9 = 8 + \square$
$7 = \square + 1$	$8 = \square + 4$	$6 = 3 + \square$	$9 = 2 + \square$

b) Schüttle dir selbst Aufgaben. Schreibe in dein 📖.

9 a) Rechne. Was fällt dir auf?

$3 + \square = 9$	$6 + \square = 7$	$\square + 1 = 10$	$\square + 10 = 11$
$4 + \square = 9$	$5 + \square = 7$	$\square + 2 = 10$	$\square + 9 = 11$
$5 + \square = 9$	$4 + \square = 7$	$\square + 3 = 10$	$\square + 8 = 11$

b) Finde jeweils die nächsten Aufgaben.

10 Immer gleich viel: Welche Zahl fehlt?

$3 + 5 = \square + 4$ $1 + \square = 5 + 2$ $6 + 4 = 5 + \square$

$2 + 7 = 6 + \square$ $\square + 8 = 3 + 6$ $\square + 7 = 9 + 2$

Dominosteine vergleichen

① Spielt und schreibt auf: $>$ $<$ $=$.

☆	5	+	2	>	3	+	1
		7				4	

② Vergleiche mit: $>$ $<$ $=$. Wer hat gewonnen?

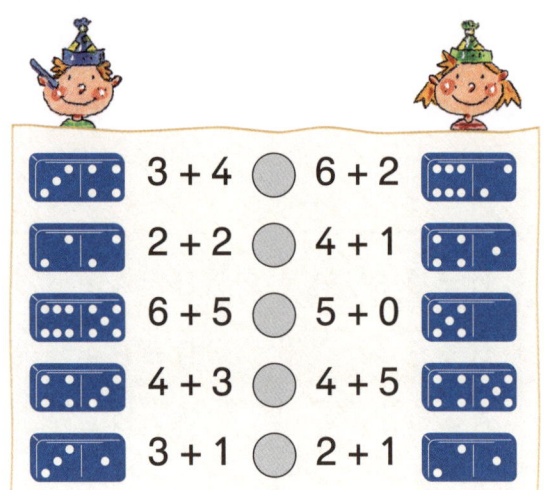

$3 + 4$ ◯ $6 + 2$
$2 + 2$ ◯ $4 + 1$
$6 + 5$ ◯ $5 + 0$
$4 + 3$ ◯ $4 + 5$
$3 + 1$ ◯ $2 + 1$

$6 + 4$ ◯ $5 + 4$
$3 + 2$ ◯ $2 + 0$
$2 + 2$ ◯ $2 + 3$
$4 + 2$ ◯ $5 + 1$
$4 + 4$ ◯ $5 + 2$

③ Welches Zeichen passt? Siehst du es, ohne zu rechnen? Begründe.

$3 + 4$ ◯ $4 + 4$ $6 + 3$ ◯ $6 + 4$ $2 + 5$ ◯ $2 + 7$

$0 + 2$ ◯ $0 + 3$ $5 + 2$ ◯ $6 + 2$ $2 + 6$ ◯ $6 + 2$

$5 + 2$ ◯ $5 + 3$ $1 + 6$ ◯ $1 + 5$ $2 + 3$ ◯ $2 + 5$

④ Suche Aufgaben mit $=$.

6	+	4	=	5	+	5
2	+	5	=		+	

Da fallen mir viele Aufgaben ein!

5 Setze ein: > < = .

a) 8 + 1 ◯ 6 + 4
   6 + 3 ◯ 5 + 4
   2 + 2 ◯ 3 − 2
   6 − 5 ◯ 2 + 5

b) 2 + 7 ◯ 1 + 5
   7 − 5 ◯ 8 − 6
   0 + 8 ◯ 3 + 4
   5 − 2 ◯ 6 − 3

c) 6 − 1 ◯ 5 + 2
   7 − 2 ◯ 4 + 4
   6 + 3 ◯ 7 − 5
   5 − 3 ◯ 9 − 2

6 Was fällt dir auf? Setze die Aufgabenreihen fort.

a) 1 + 1 ◯ 7 − 1
   1 + 2 ◯ 7 − 2
   1 + 3 ◯ 7 − 3
   …

b) 8 + 1 ◯ 8 − 1
   7 + 1 ◯ 7 − 1
   6 + 1 ◯ 6 − 1
   …

c) 9 − 1 ◯ 4 + 2
   9 − 2 ◯ 4 + 3
   9 − 3 ◯ 4 + 4
   …

7 Welches Zeichen passt? Siehst du es, ohne zu rechnen? Begründe.

a) 7 − 1 ◯ 5 − 1
   9 − 4 ◯ 10 − 4
   5 − 2 ◯ 4 − 2

b) 7 − 3 ◯ 7 − 5
   9 − 6 ◯ 9 − 3
   8 − 0 ◯ 8 − 4

c) 7 + 3 ◯ 7 − 3
   6 + 2 ◯ 6 − 2
   8 − 4 ◯ 8 + 4

8 Welche Zahl fehlt?

a) 5 + 3 ⌇=⌇ 3 + ☐
   6 − 4 ⌇=⌇ 1 + ☐
   8 − ☐ ⌇=⌇ 3 + 3

b) 5 + 5 ⌇=⌇ 4 + ☐
   4 + 3 ⌇=⌇ 3 + ☐
   10 − 2 ⌇=⌇ 4 + ☐

c) 1 + 2 ⌇=⌇ 3 − ☐
   9 − 3 ⌇=⌇ 3 + ☐
   8 − 5 ⌇=⌇ ☐ + 0

9 Finde eine passende Zahl. Es gibt mehrere Möglichkeiten.

a) 6 + 2 ⌇>⌇ 1 + ☐
   4 − 2 ⌇<⌇ 3 + ☐
   10 − 6 ⌇>⌇ 10 − ☐

b) 5 + 4 ⌇<⌇ 8 + ☐
   3 + 7 ⌇>⌇ 6 − ☐
   8 − 5 ⌇<⌇ 10 − ☐

c) 9 − 7 ⌇<⌇ 7 + ☐
   8 − 3 ⌇>⌇ 1 + ☐
   4 + 4 ⌇<⌇ 8 + ☐

⭐ d) Findest du alle passenden Zahlen?

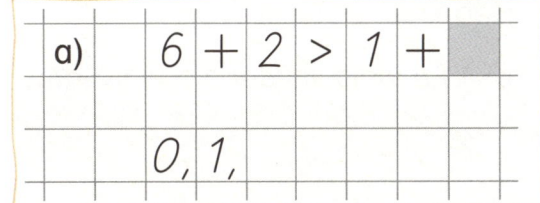

a) 6 + 2 > 1 + ☐
   0, 1,

 10 Spielt: • Das größere Ergebnis gewinnt,
                 • das kleinere Ergebnis gewinnt.

Gewonnen!

① Finde Fragen. Kannst du sie beantworten?

Wie viele?   **Wo?**   **Wann?**   **Woher?**

Welche?   **?**   **Warum?**

Welche Fragen kannst du durch Zählen oder durch Rechnen beantworten?

② Beantworte diese Fragen:

a) Wie viele Kinder sind im Sandkasten?

> a) Es sind … Kinder.

b) Wo sind die meisten Kinder?

c) Wie viele Kinder sind es insgesamt?

d) Wie viele Jungen sind es mehr als Mädchen?

e) Wie viele Kinder sind auf dem Klettergerüst?

Stellt noch mehr Fragen zum Bild.

③ Andere Spielplatzgeschichten.
Finde Fragen, rechne und antworte.

| Frage | Rechnung | Antwort |

a) 5 Kinder sind im ▢. Es kommen 3 dazu.

Wie viele Kinder sind es dann?

Es sind … Kinder.

| 5 | + | 3 | = | |

b) 7 Kinder sind auf dem ▢.

4 springen herunter.

c) 11 Kinder sind auf dem ▢.

5 gehen nach Hause.

d) Am ▢ waren 10 Kinder.

Jetzt sind es nur noch 3.

e) Auf der ▢ waren 2 Kinder.

Jetzt sind es 6.

f) Auf der ▢ sind 4 Kinder.

Im ▢ sind 5 Kinder

und auf dem ▢ 2.

g) Am ▢ sind 9 Kinder.

Das sind 2 mehr als im ▢.

④ Finde zu jedem Bild mehrere Fragen. Rechne und antworte.

a)

b)
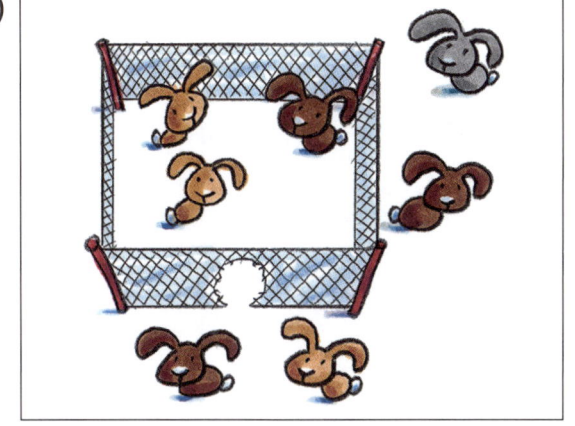

67

$10 = 1$ Zehner $= 1$ Z

$1 = 1$ Einer $= 1$ E

① a) Lege 13, 17, 18, … und erkläre, wie du legst.

b) Spielt zu zweit: Einer legt eine Zahl. Der andere nennt sie.

② Erkläre wie Bim.

Es sind 12, 1 Zehner und 2 Einer.

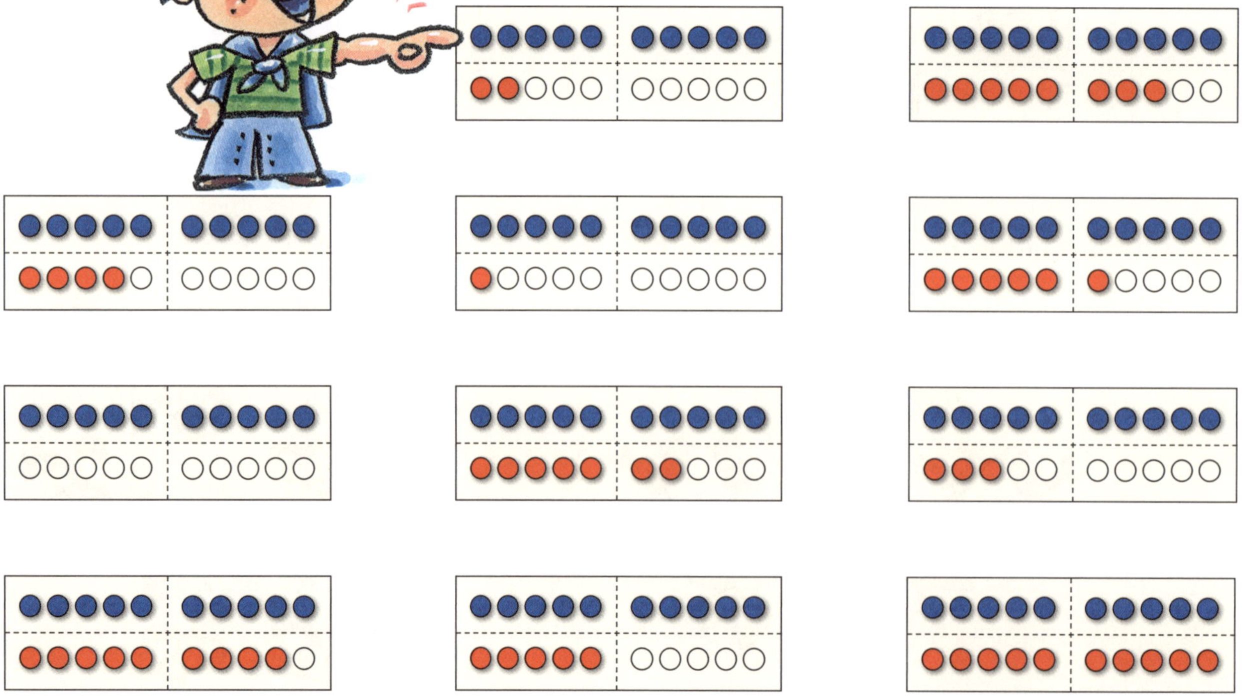

3 Lege im Zwanzigerfeld und mit den Zahlenkarten.
Schreibe auf.

Z	E	
1	0	zehn
1	1	elf
1	2	zwölf
1	3	dreizehn
1	4	vierzehn
1	5	fünfzehn
1	6	sechzehn
1	7	siebzehn
1	8	achtzehn
1	9	neunzehn
2	0	zwanzig
2	1	einundzwanzig
2	2	zweiundzwanzig
…	…	…

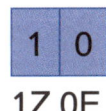 **1 0**
1Z 0E

$10 + 0 = 10$

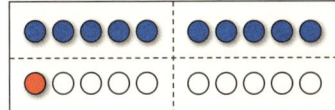  **1 1**
1Z 1E

$10 + 1 = 11$

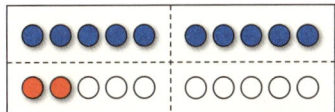  **1 2**
1Z 2E

$10 + 2 = \boxed{\ \ }$

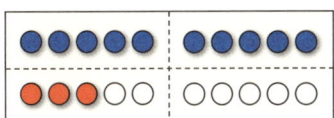

…   …

Ich spreche erst die Einer,
dann die Zehner.

Ich schreibe erst
die Zehner,
dann die Einer.

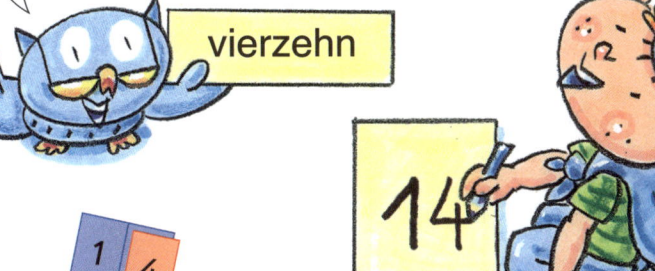 vierzehn

1 4

4 Schreibe die Zahlen auf.

	1		2		3	…
1	1	1	2	1	3	…
★ 2	1	2	2	2	3	…

 neunzehn!

5 Zahlendiktat von 1 bis 20:
Legt mit den Zahlenkarten und schreibt auf.

1	2		4	5		7	8		10
11		13	14		16		18		

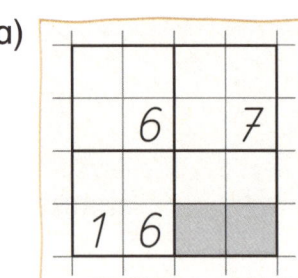

① Bim ergänzt die Zahlen im Zwanzigerfeld.
Welche Zahlen fehlen noch?

② Schreibe alle Zahlen bis 20 in ein leeres Zwanzigerfeld.

③ Vergleiche die obere mit der unteren Zeile. Was fällt dir auf? Erkläre.

⭐ Wie könnte die nächste Zeile aussehen?

④ Suche alle Zahlen …   a) … mit 8 Einern.   b) … mit 1 Zehner.   ⭐ c) … mit 2 Zehnern.

Schreibe die Zahlen auf.

⑤ Wie heißen die fehlenden Zahlen? Schreibe auf.

a)
	6	7
1	6	

b) 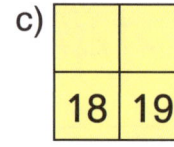   c) 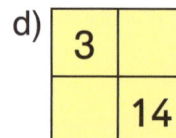   d) 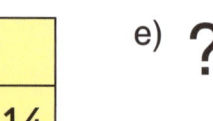   e) ?

⑥ Zeichne und trage alle Zahlen ein.

a) 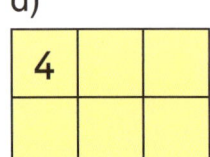   b)    c) 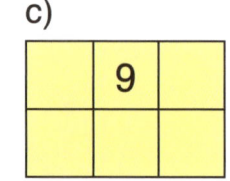   d)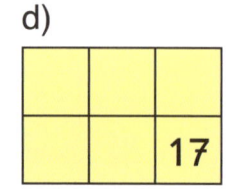

e) 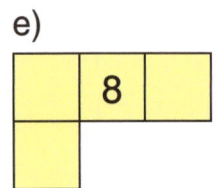   f) 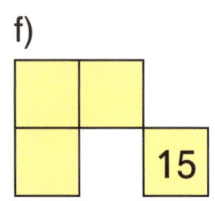   g) 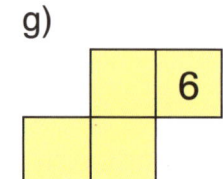   h) 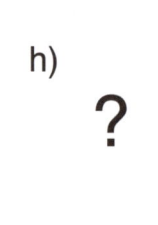   ?

7 Zahlenrätsel

a) Meine Zahl kommt vor der 13.

b) Meine Zahl kommt nach der 19.

c) Meine Zahl liegt unter der 8.

d) Meine Zahl liegt über der 14.

e) Meine Zahl liegt genau zwischen 12 und 16.

f) Meine Zahl liegt genau zwischen 16 und 20.

8 Einfache Aufgaben bis 20 rechnen

a) $2 + 1$ b) $4 + 3$ c) $4 - 1$ d) $6 - 2$ e) **?**

$12 + 1$ $14 + 3$ $14 - 1$ $16 - 2$

$7 + 1$ $5 + 2$ $5 - 1$ $10 - 2$

$17 + 1$ $15 + 2$ $15 - 1$ $20 - 2$

 9 Zahlenspiele: Spielt mit den Zahlen bis 20.

Zahlen schnell ordnen	Zahlen tippen	Würfelspiel
• mischen		• Start bei 1
• ordnen		• würfeln und vorrücken
• Zeit stoppen		• Wer kommt genau auf die 20 ?

sechzehn!

Hier ist die 10!

① Wo müssen Simsala und Bim die Zahlenkarten aufhängen?
Zeigt am Zwanzigerseil.

② Welche Zahl ist genau zwischen 0 und 10? Welche zwischen 10 und 20?

③ Zahlen und ihre Nachbarn: Zeige die Zahlen am Zwanzigerseil und am Zahlenstrahl.
Schreibe sie auf.

		1 4		1 5
1 3				
		1 9		

a) 14   b) 3   c) 8   ⭐ d) 24

19   13   18   21

17   15   10   28

④ Vergleiche mit $<$ $>$ $=$.

a) 4 ◯ 14   b) 17 ◯ 7   c) 10 ◯ 10   d) 2 ◯ 12

  10 ◯ 11   13 ◯ 14   6 ◯ 16   21 ◯ 12

  19 ◯ 9   15 ◯ 5   20 ◯ 2   21 ◯ 22

  20 ◯ 20   12 ◯ 8   18 ◯ 19   12 ◯ 11

⑤ Zahlenrätsel

a) Meine Zahl ist kleiner als 12, aber größer als 10.

b) Meine Zahl ist größer als 18, aber kleiner als 20.

c) Meine Zahl ist größer als 10 und hat eine 7 an der Einerstelle.

⭐ d) Meine Zahl ist kleiner als 20 und hat gleich viele Zehner wie Einer.

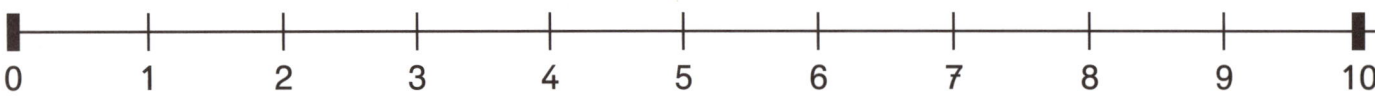

6 Zähle und schreibe auf.

a) 5, 6, …, …, …, …, 11

b) 9, 10, …, …, …, …, 15

c) 15, 16, …, …, …, …, 21

d) 13, 12, …, …, …, …, 7

e) 15, 14, …, …, …, …, 9

f) 19, 18, …, …, …, …, 13

7 Wie weit kannst du zählen? Schreibe auf.

8 Zähle in Schritten und schreibe auf.

a)
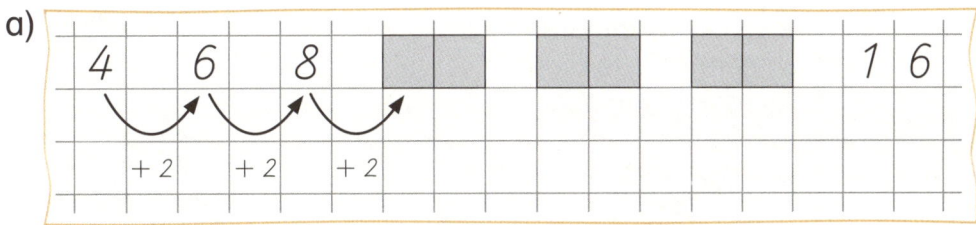

b) 20, 18, 16, …, …, …, 8

c) 3, 5, 7, …, …, …, 15

d) 19, 17, 15, …, …, …, 7

e) 0, 3, 6, …, …, …, 18

f) Erfinde selbst Zahlenfolgen.

⭐ 9 Schwierige Zahlenfolgen

a) 0, 1, 3, 6, …, …, 21

b) 0, 4, 2, 6, …, …, …, …, …, 12

c) Erfinde selbst schwierige Zahlenfolgen.

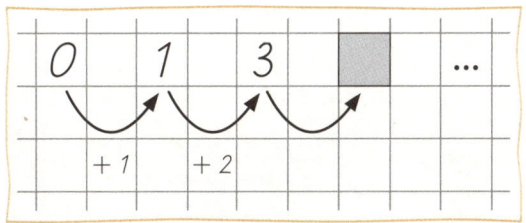

10 Zähle von 1 bis 20. Schreibe die Zahlen vorwärts und rückwärts in dein .

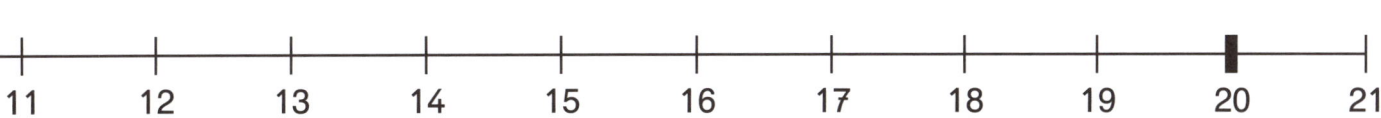

Eine Hälfte genau wie die andere?

1 a) Simsala stellt Figuren her. Wie macht sie es?

b) Stelle selbst solche Figuren her. Was haben sie gemeinsam? Beschreibe.

> Eine Hälfte liegt genau auf …!

> Immer zwei gleiche …!

> Das ist die Symmetrieachse. Man nennt diese Figuren achsensymmetrisch.

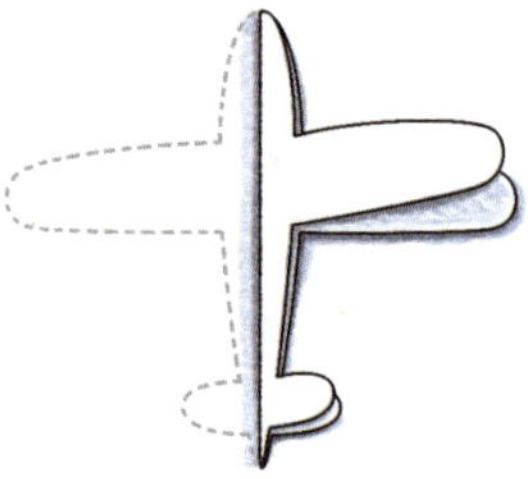

2 Nimm Figuren aus Aufgabe **1**. Stelle Klecksbilder her.

zuklappen

aufklappen

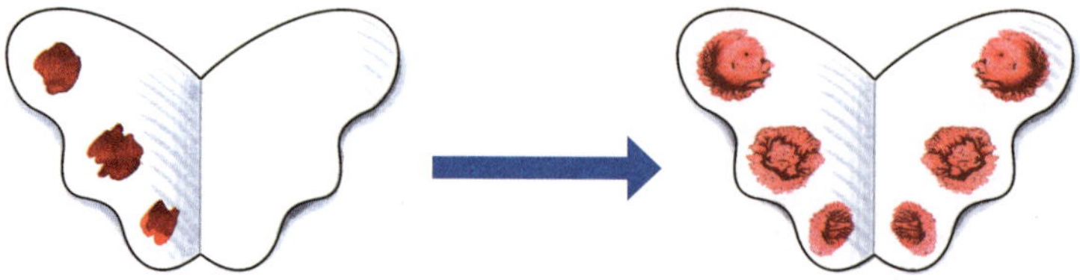

3 Sind beide Hälften gleich? Überprüfe mit dem Zauberspiegel.

Mein Spiegel steht jetzt genau auf der Symmetrieachse.

a)
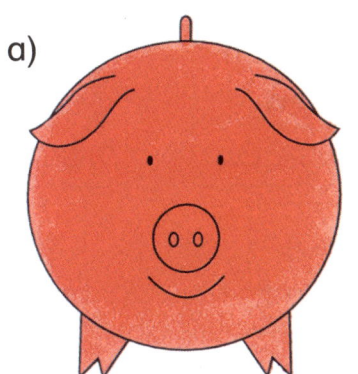

b)
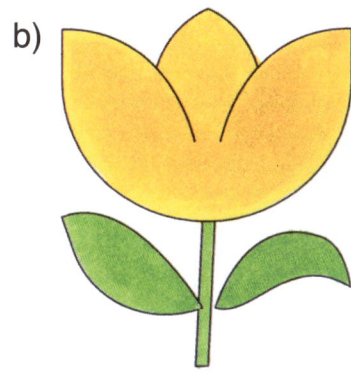

c)
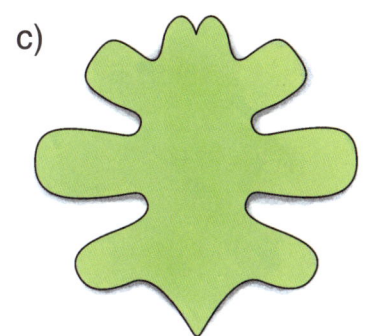

d)
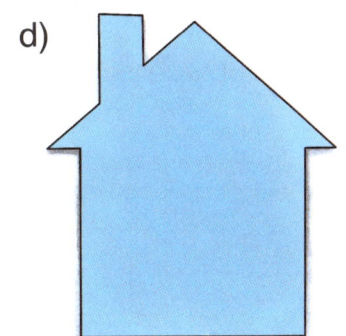

e)
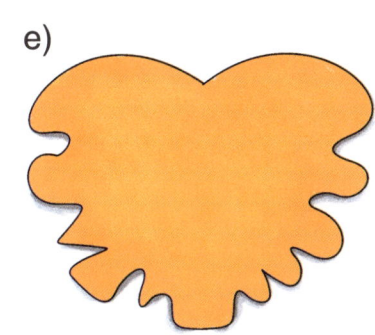

4 Zaubere mit einem Spiegel.
  a) Viele Äpfel oder gar keine Äpfel.

  b) Eulalia mit 2 Geldscheinen oder ohne Geld.

  c) Malt selbst ein Bild und zaubert mit dem Spiegel.

5 Zwei gleiche Hälften – sucht in der Natur oder auf Bildern.
  Macht eine Ausstellung.

6 Gestalte eine Seite in deinem 📖: zwei gleiche Hälften.

75

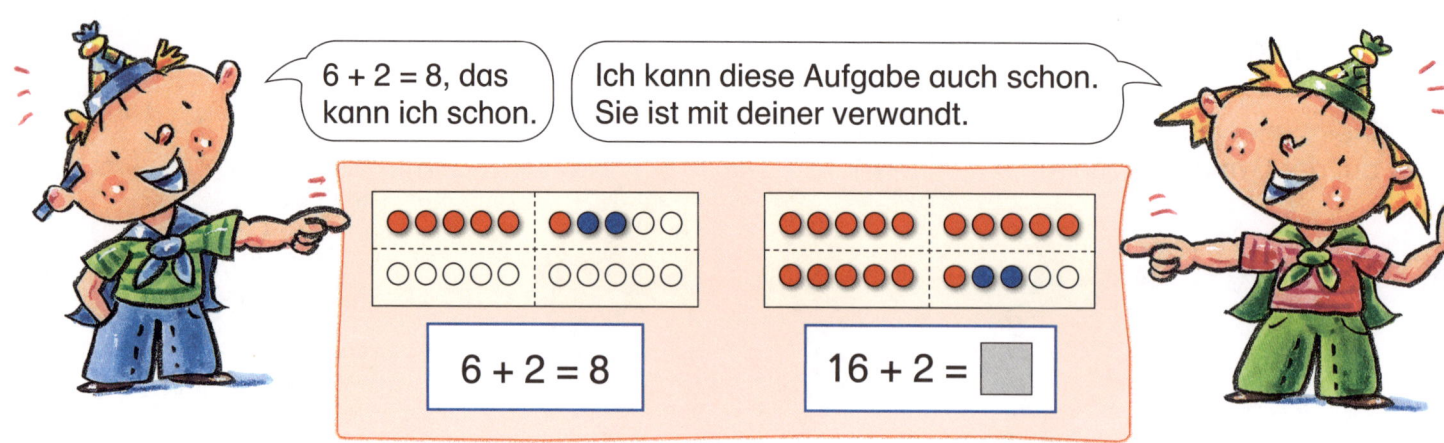

6 + 2 = 8, das kann ich schon.

Ich kann diese Aufgabe auch schon. Sie ist mit deiner verwandt.

6 + 2 = 8

16 + 2 = ☐

① Erkläre am Zwanzigerfeld, was Simsala mit „verwandt" meint.

② Suche die verwandten Aufgaben und schreibe auf.

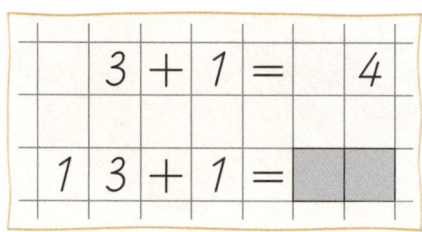

3 + 1 = 4

1 3 + 1 = ☐☐

3 + 1

2 + 6

4 + 2

7 + 3

5 + 4

1 + 5

13 + 1

17 + 3

15 + 4

14 + 2

11 + 5

12 + 6

③ Rechne Aufgabe und verwandte Aufgabe.

Die kleine Aufgabe hilft dir beim Rechnen.

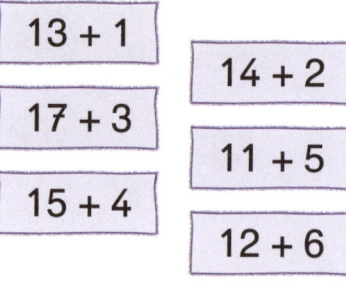

1 4 + 3 = ☐☐

4 + 3 = ☐

a) 14 + 3
17 + 2
11 + 9
13 + 5
17, 18, 19, 20

b) 16 + 2
10 + 4
15 + 0
12 + 1
13, 14, 15, 18

c) 14 + 5
15 + 5
16 + 3
12 + 6
18, 19, 19, 20

④ Denke an die kleine Aufgabe. Rechne.

a) 11 + 3
11 + 7
11 + 0

b) 12 + 3
12 + 5
12 + 6

11, 14, 15, 17, 18, 18

c) 5 + 15
6 + 13
7 + 13

d) 3 + 11
4 + 12
5 + 13

14, 16, 18, 19, 20, 20

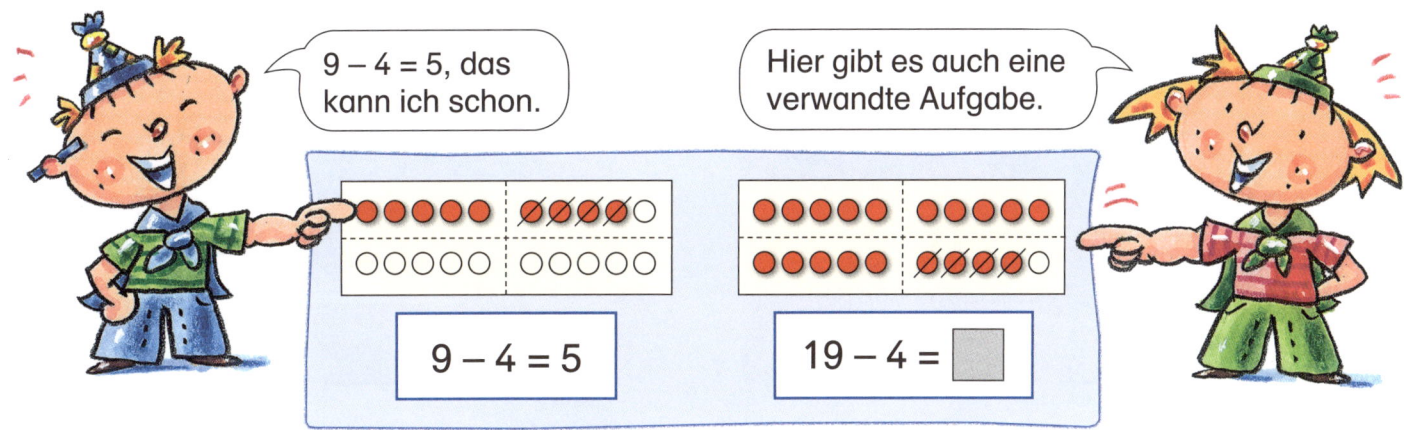

9 − 4 = 5, das kann ich schon.

Hier gibt es auch eine verwandte Aufgabe.

9 − 4 = 5

19 − 4 = ☐

5 Erkläre am Zwanzigerfeld, was Simsala mit „verwandt" meint.

6 Suche die verwandten Aufgaben und schreibe auf.

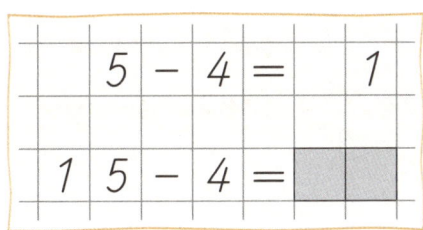

5 − 4 = 1

1 5 − 4 = ☐

5 − 4	15 − 4
7 − 1	14 − 2
3 − 3	17 − 1
5 − 3	13 − 3
4 − 2	15 − 3
6 − 5	16 − 5

7 Rechne Aufgabe und verwandte Aufgabe.

Wie heißt hier die kleine Aufgabe?

1 8 − 6 = ☐

8 − 6 = ☐

a) 18 − 6
17 − 2
15 − 0
15 − 3
12, 12, 15, 15

b) 19 − 2
14 − 1
18 − 3
19 − 7
12, 13, 15, 17

c) 20 − 5
20 − 2
20 − 7
20 − 0
13, 15, 18, 20

8 Denke an die kleine Aufgabe. Rechne.

a) 15 − 4
19 − 7
17 − 4

b) 16 − 5
18 − 6
15 − 2

11, 11, 12, 12, 13, 13

c) 16 − 3
18 − 4
18 − 5

d) 15 − 5
16 − 4
17 − 3

10, 12, 13, 13, 14, 14

Verdoppeln ...

Schau, 3 Plättchen.

Stimmt.

Und jetzt?

Ich sehe 6. Doppelt so viele. Das Doppelte von 3 ist 6.

 ① Legt Plättchen und verdoppelt mit dem Spiegel. Rechnet.

② Schreibe die Rechnungen auf.

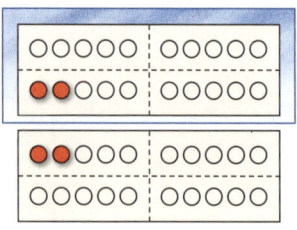 $2 + 2 = 4$

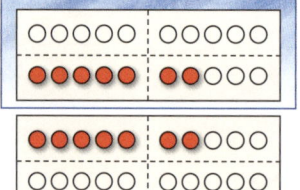 $\square + \square = \square$

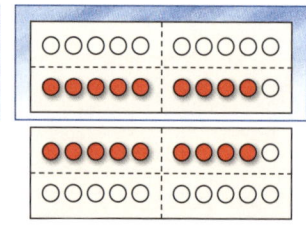 $\square + \square = \square$ $\square + \square = \square$

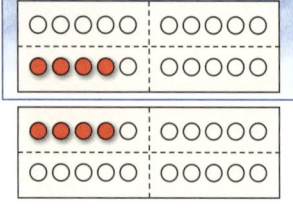 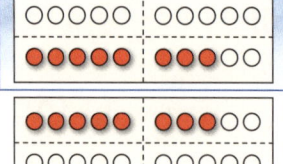 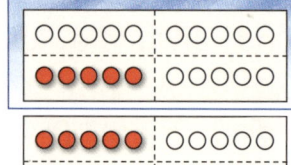 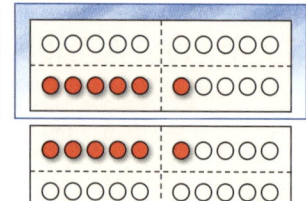

 $\square + \square = \square$  $\square + \square = \square$ $\square + \square = \square$ $\square + \square = \square$

③ Verdopple.

So stelle ich mir das vor.

a) 4 + 4   b) 1 + 1   c) 5 + 5

6 + 6   8 + 8   3 + 3

2 + 2   7 + 7   9 + 9

2, 4, 6, 8, 10, 12, 14, 16, 18

 ④ Spielt „Finger spiegeln".
Einer zeigt eine Anzahl an Fingern.
Der Partner zeigt die gleiche Anzahl.
Wie viele sind es zusammen?

5 + 5 = 10 und dann noch 4.

78

12 Plättchen. Lass uns teilen.

Jeder bekommt die Hälfte.

(5) Halbiere. Schreibe die Rechnungen auf.

$$8 = 4 + 4$$

$$10 = \boxed{} + \boxed{}$$

$$\boxed{} = \boxed{} + \boxed{}$$

$$\boxed{} = \boxed{} + \boxed{}$$

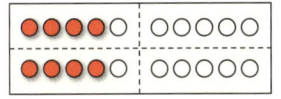
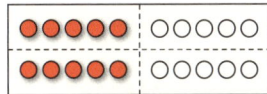
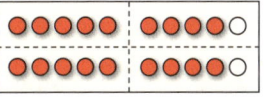

$$\boxed{} = \boxed{} + \boxed{}$$

$$\boxed{} = \boxed{} + \boxed{}$$

$$\boxed{} = \boxed{} + \boxed{}$$

$$\boxed{} = \boxed{} + \boxed{}$$

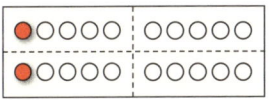
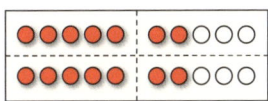
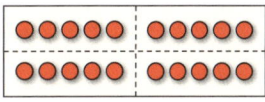
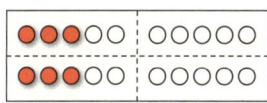

(6) Halbiere.

So stelle ich mir das vor.

a) $14 = \boxed{} + \boxed{}$

   $6 = \boxed{} + \boxed{}$

   $2 = \boxed{} + \boxed{}$

b) $18 = \boxed{} + \boxed{}$

   $16 = \boxed{} + \boxed{}$

   $20 = \boxed{} + \boxed{}$

c) $10 = \boxed{} + \boxed{}$

   $8 = \boxed{} + \boxed{}$

   $12 = \boxed{} + \boxed{}$

(7) Suche selbst Zahlen, die du halbieren kannst. Schreibe so:

$$12 = 6 + 6$$

$$15 \quad \text{geht nicht}$$

 (8) Kannst du auch diese Zahlen verdoppeln?   11, 15, 20, 50, ...

               ... und halbieren?   24, 40, 50, 80, 100, ...

Schreibe auf.

1 a) Lege mit den Zahlenkarten und schreibe auf.

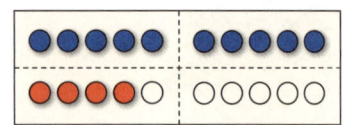  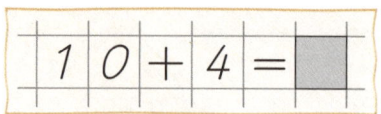

$$10 + 4 = \boxed{}$$

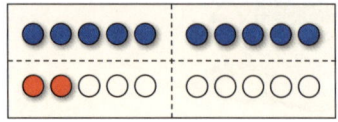 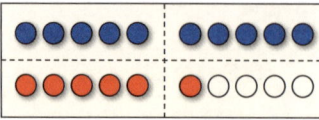 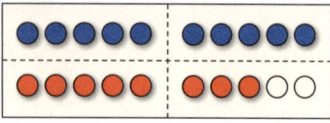

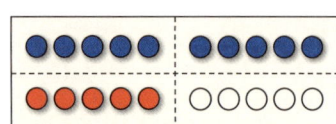 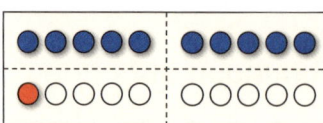 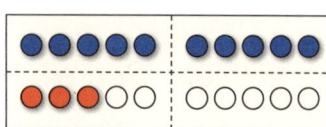

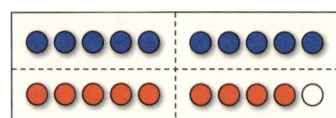 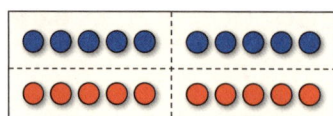 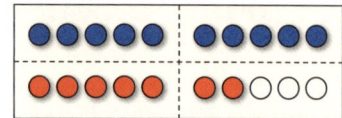

b) Schreibe die Zerlegungen
von 11 bis 20 geordnet in dein 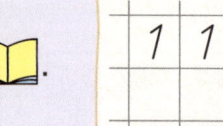.

$$11 = 10 + 1$$
$$12 = 10 + \boxed{}$$

2 Zahlen und ihre Nachbarn

a)

	b) 14	c) 8	d) 9
	17	18	10
	12	19	20

3 Vergleiche: > größer als, < kleiner als, = ist gleich

a) 17 ◯ 7 b) 20 ◯ 20 c) 6 ◯ 16 d) 21 ◯ 12

13 ◯ 12 0 ◯ 14 17 ◯ 11 21 ◯ 22

18 ◯ 19 20 ◯ 2 16 ◯ 16 1 ◯ 11

15 ◯ 17 11 ◯ 12 9 ◯ 4 10 ◯ 0

12 ◯ 20 9 ◯ 6 10 ◯ 11 17 ◯ 17

4 Suche die verwandten Aufgaben. Rechne.

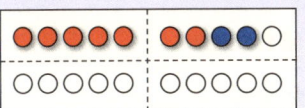 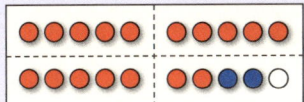 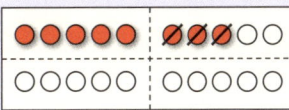 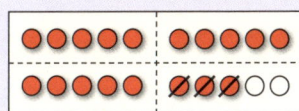

7 + 2   17 + 2   8 − 3   18 − 3

a) 17 + 2   b) 18 + 1   c) 18 − 3   d) 19 − 6
   16 + 3   11 + 5   16 − 4   17 − 5
   12 + 7   17 + 3   15 − 2   16 − 5
   14 + 4   14 + 6   18 − 5   20 − 3

5 Verdopple.

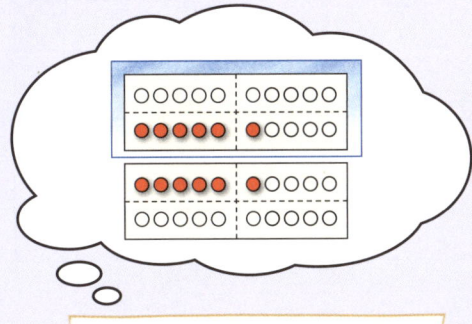

a) 6 + 6   b) 7 + 7   c) 8 + 8
   2 + 2   3 + 3   10 + 10
   5 + 5   4 + 4   9 + 9

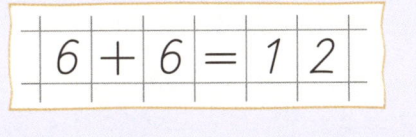

$6 + 6 = 12$

6 Spielt „Finger spiegeln". Einer zeigt z.B. 7 Finger.
Der Partner zeigt gleich viele Finger.
Wie viele Finger sind es zusammen?

7 Halbiere.

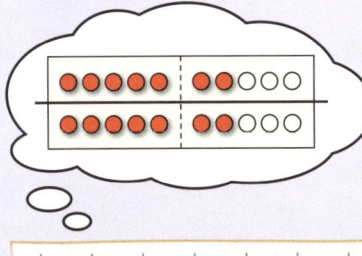

a) 14 = ☐ + ☐   b) 10 = ☐ + ☐   c) 12 = ☐ + ☐
   16 = ☐ + ☐   20 = ☐ + ☐   4 = ☐ + ☐
    8 = ☐ + ☐   6 = ☐ + ☐   0 = ☐ + ☐

$14 = 7 + 7$

8 Verdopple und halbiere in deinem 📖.

Schreibe so: $1 + 1 = 2$ $2 = 1 + 1$

81

Nachbaraufgaben

1 Bim verändert 5 + 5. Erkläre.

Wie verändern sich die Ergebnisse?

$4 + 5 = \square$

$6 + 5 = \square$

$5 + 5 = 10$

$5 + 4 = \square$

$5 + 6 = \square$

2 Verdopplungsaufgaben und ihre Nachbaraufgaben: Lege und rechne.

a)
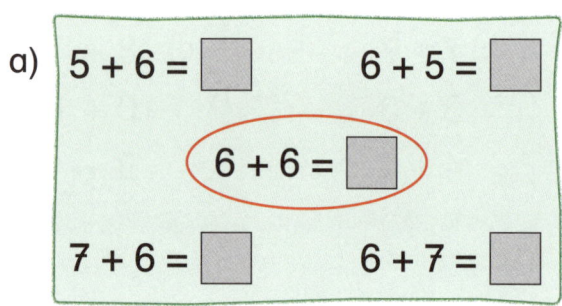

$5 + 6 = \square$ $6 + 5 = \square$

$6 + 6 = \square$

$7 + 6 = \square$ $6 + 7 = \square$

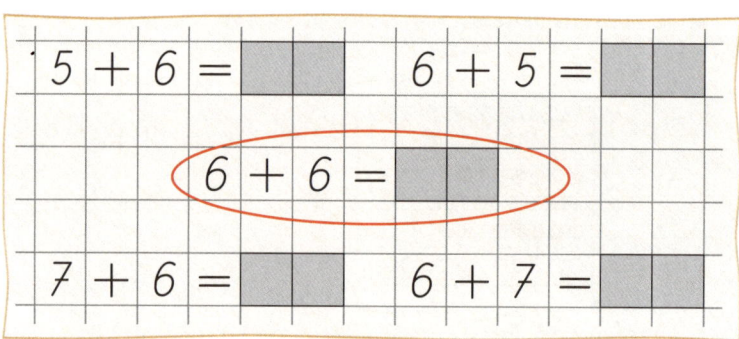

$5 + 6 = \square\square$ $6 + 5 = \square\square$

$6 + 6 = \square\square$

$7 + 6 = \square\square$ $6 + 7 = \square\square$

b)
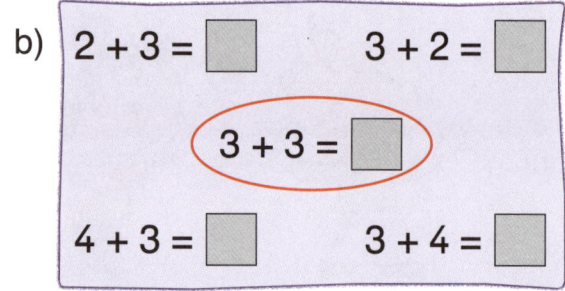

$2 + 3 = \square$ $3 + 2 = \square$

$3 + 3 = \square$

$4 + 3 = \square$ $3 + 4 = \square$

c)
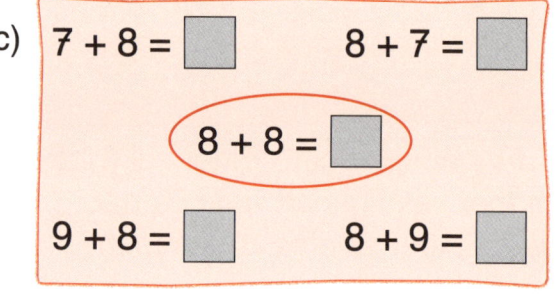

$7 + 8 = \square$ $8 + 7 = \square$

$8 + 8 = \square$

$9 + 8 = \square$ $8 + 9 = \square$

Welche Zahlen verändern sich jeweils?

3 Nachbaraufgaben gesucht. Schreibe auf.

a) $4 + 4$ b) $2 + 2$ c) $7 + 7$ d) $10 + 10$ e) ?

4 Welche Verdopplungsaufgabe hilft?
Schreibe beide Rechnungen auf.

a) $5 + 6 = \square$ b) $6 + 7 = \square$ c) $7 + 6 = \square$

$9 + 10 = \square$ $9 + 8 = \square$ $7 + 8 = \square$

$8 + 9 = \square$ $6 + 5 = \square$ $8 + 7 = \square$

11, 11, 13, 13, 15, 15, 17, 17, 19

Verdopplungsaufgaben bis 20 solltest du auswendig können!

5 Simsala verändert Aufgaben mit 10. Erkläre.

Jetzt ist es 1 weniger.

10 + 6 = 16

9 + 6 = 15

a) 10 + 8   10 + 3   5 + 10   1 + 10   10 + 7

   9 + 8   9 + 3   5 + 9   1 + 9   9 + 7

b) 10 + 6   10 + 2   8 + 10   7 + 10   4 + 10

   9 + 6   9 + 2   8 + 9   7 + 9   4 + 9

6 Rechne zuerst die Nachbaraufgabe mit 10.

1	0	+	4	=	1	4
	9	+	4	=	1	3

a) 9 + 4   9 + 6   9 + 5   9 + 7

b) 3 + 9   8 + 9   4 + 9   6 + 9

c) 9 + 2   5 + 9   9 + 1   7 + 9

7 Welche Nachbaraufgabe hilft?

7	+	7	=	1	4
7	+	8	=	1	5

7 + 8   5 + 6   5 + 4

9 + 6   4 + 9   8 + 9

 8 Rechne aus. Wie geht es weiter?

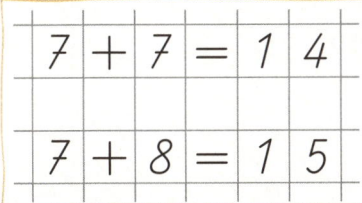

9 + 8   10 + 8   11 + 8   12 + 8   13 + 8   ...

Zuerst 6 dazu und dann noch 1.

So rechnet Simsala über die 10.

1 Lege und rechne wie Simsala.

a)
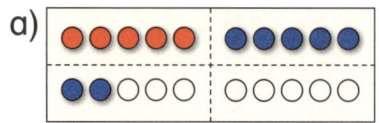

$5 + 7 = \blacksquare$

$5 + 5 + 2 = \blacksquare$

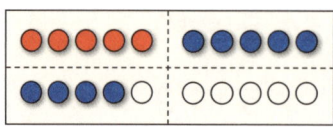

$5 + 9 = \blacksquare$

$5 + 5 + \blacksquare = \blacksquare$

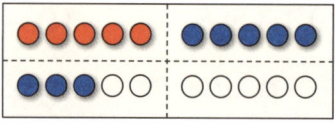

$5 + 8 = \blacksquare$

$5 + \blacksquare + \blacksquare = \blacksquare$

b)
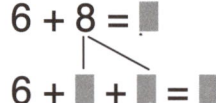

$6 + 8 = \blacksquare$

$6 + \blacksquare + \blacksquare = \blacksquare$

$4 + 9 = \blacksquare$

$4 + \blacksquare + \blacksquare = \blacksquare$

$8 + 3 = \blacksquare$

$8 + \blacksquare + \blacksquare = \blacksquare$

c)

$9 + 6 = \blacksquare$

$9 + \blacksquare + \blacksquare = \blacksquare$

$8 + 4 = \blacksquare$

$8 + \blacksquare + \blacksquare = \blacksquare$

$2 + 9 = \blacksquare$

$2 + \blacksquare + \blacksquare = \blacksquare$

2 Rechne.

a) $3 + 8 = \blacksquare$

$3 + \blacksquare + \blacksquare = \blacksquare$

$7 + 4 = \blacksquare$

$7 + \blacksquare + \blacksquare = \blacksquare$

$9 + 2 = \blacksquare$

$9 + \blacksquare + \blacksquare = \blacksquare$

b) $6 + 9 = \blacksquare$

$6 + \blacksquare + \blacksquare = \blacksquare$

$9 + 4 = \blacksquare$

$9 + \blacksquare + \blacksquare = \blacksquare$

$8 + 6 = \blacksquare$

$8 + \blacksquare + \blacksquare = \blacksquare$

Ich schreibe kürzer.

3 Schreibe wie Bim.

a) 7 + 5 = ◾
   ∧
  3 2

9 + 5 = ◾
  ∧
  1 ◾

4 + 8 = ◾
  ∧
 ◾ ◾

9 + 3 = ◾
  ∧
 ◾ ◾

b) 9 + 7 = ◾
   ∧
  ◾ ◾

8 + 5 = ◾
  ∧
 ◾ ◾

3 + 9 = ◾
  ∧
 ◾ ◾

7 + 9 = ◾
  ∧
 ◾ ◾

c) 8 + 4 = ◾
   ∧
  ◾ ◾

2 + 9 = ◾
  ∧
 ◾ ◾

6 + 8 = ◾
  ∧
 ◾ ◾

5 + 9 = ◾
  ∧
 ◾ ◾

 4 Wie löst du diese Aufgaben? Vergleiche mit dem Partner.
Rechne dann auf deinem Weg.

Das weiß ich auswendig.

Zwischenstopp bei der 10.

Die Nachbaraufgabe hilft.

Hier hilft mir die kleine Aufgabe.

a) | 3 + 5 | 7 + 9 | 16 + 3 | 10 + 1 | 9 + 4 |

b) | 11 + 3 | 5 + 4 | 9 + 9 | 14 + 5 | 9 + 6 |

c) | 9 + 2 | 8 + 6 | 5 + 7 | 7 + 3 | 15 + 3 |

d) | 7 + 7 | 8 + 2 | 12 + 4 | 5 + 8 | 8 + 8 |

Zuerst 4 weg und dann noch 2.

(1) Lege und rechne wie Bim.

a)

15 − 6 = ■
15 − 5 − 1 = ■

15 − 9 = ■
15 − 5 − ■ = ■

15 − 8 = ■
15 − ■ − ■ = ■

b)

11 − 3 = ■
11 − ■ − ■ = ■

12 − 5 = ■
12 − ■ − ■ = ■

14 − 8 = ■
14 − ■ − ■ = ■

c)

17 − 9 = ■
17 − ■ − ■ = ■

13 − 5 = ■
13 − ■ − ■ = ■

16 − 7 = ■
16 − ■ − ■ = ■

(2) Rechne.

a) 14 − 9 = ■
14 − ■ − ■ = ■

11 − 5 = ■
11 − ■ − ■ = ■

17 − 8 = ■
17 − ■ − ■ = ■

b) 12 − 4 = ■
12 − ■ − ■ = ■

15 − 7 = ■
15 − ■ − ■ = ■

13 − 7 = ■
13 − ■ − ■ = ■

Ich schreibe kürzer.

14 − 6 = 8
      |
    4   2

3 Schreibe wie Simsala.

a) 11 − 4 = ▪
   / \
   1   3

13 − 8 = ▪
   / \
   3   ▪

14 − 5 = ▪
   / \
   ▪   ▪

12 − 8 = ▪
   / \
   ▪   ▪

b) 12 − 7 = ▪
   / \
   ▪   ▪

11 − 8 = ▪
   / \
   ▪   ▪

13 − 9 = ▪
   / \
   ▪   ▪

16 − 9 = ▪
   / \
   ▪   ▪

c) 13 − 4 = ▪
   / \
   ▪   ▪

12 − 3 = ▪
   / \
   ▪   ▪

11 − 7 = ▪
   / \
   ▪   ▪

13 − 6 = ▪
   / \
   ▪   ▪

 4 Wie löst du diese Aufgaben? Vergleiche mit dem Partner.
Rechne dann auf deinem Weg.

Das weiß ich auswendig.

Zwischenstopp bei der 10.

Hier hilft mir die kleine Aufgabe.

a) | 12 − 5 | 19 − 3 | 11 − 8 | 8 − 2 | 17 − 5 |

b) | 18 − 6 | 11 − 6 | 12 − 6 | 13 − 5 | 10 − 3 |

c) | 13 − 8 | 7 − 4 | 14 − 5 | 14 − 7 | 12 − 9 |

d) | 9 − 6 | 17 − 6 | 20 − 9 | 15 − 7 | 18 − 9 |

Rechenwege und Rechentricks

3 + 8 = 11
8 + 3 = 11
Amelie

6 + 7 = 13
6 + 6 = 12
Clara

8 + 5 = 13
2   3
Leon

9 + 6 = 15
10 + 6 = 16
Marek

① Wie haben die Kinder gerechnet?

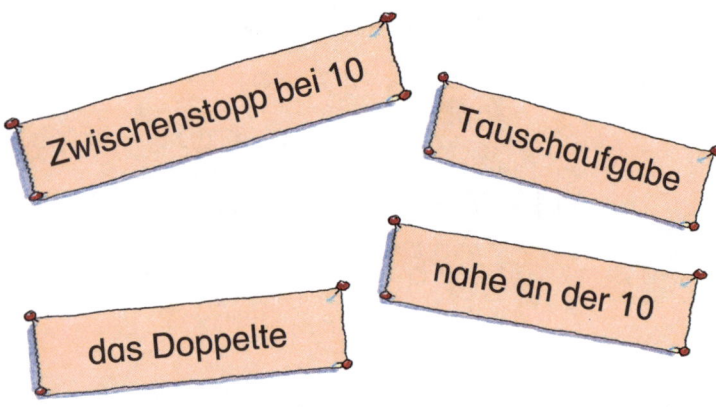

Zwischenstopp bei 10

Tauschaufgabe

nahe an der 10

das Doppelte

② Wie rechnest du?

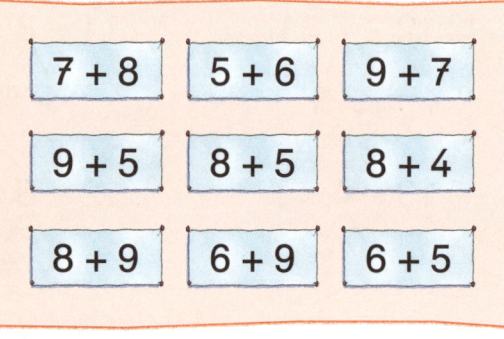

7 + 8	5 + 6	9 + 7
9 + 5	8 + 5	8 + 4
8 + 9	6 + 9	6 + 5

Rechne und erkläre deinem Partner deinen Weg.

③ Bim hat seine Plusaufgaben nach Rechenwegen sortiert.
Weißt du nach welchen? Erkläre und rechne.

7 + 6	4 + 7	9 + 4	8 + 5
6 + 5	2 + 9	6 + 9	8 + 3
8 + 7	3 + 8	7 + 9	7 + 5

8 + 9

Was mache ich mit dieser Aufgabe?

⭐ Finde jeweils weitere Aufgaben.

④ Wie löst du diese Aufgaben? Erkläre.

a) 8 + 9	b) 9 + 8	c) 9 + 9	d) 6 + 9	e) 3 + 9
7 + 8	7 + 9	9 + 11	5 + 8	8 + 9
6 + 3	4 + 9	5 + 6	4 + 8	5 + 7

9, 11, 12, 12, 12, 13, 13, 15, 15, 16, 17, 17, 17, 18, 20

f) Erkläre einen Rechenweg in deinem .

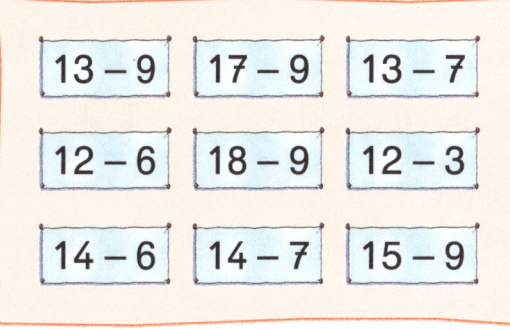

Stefan
$12 - 9 = 3$
$12 - 10 = 2$

Mateja
$16 - 8 = 8$
$16 = 8 + 8$

Clara
$11 - 8 = 3$
$8 + 3 = 11$

Henrik
$15 - 7 = 8$

5 Wie haben die Kinder gerechnet?

die Hälfte

Ergänzen

Zwischenstopp bei 10

nahe an der 10

6 Wie rechnest du?

$13 - 9$	$17 - 9$	$13 - 7$
$12 - 6$	$18 - 9$	$12 - 3$
$14 - 6$	$14 - 7$	$15 - 9$

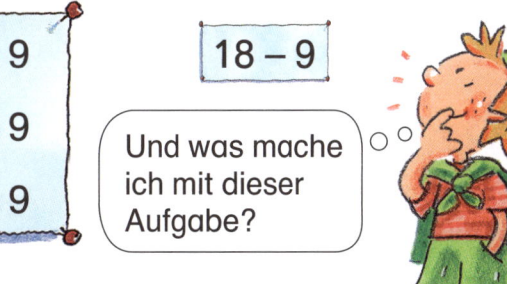 Rechne und erkläre deinem Partner deinen Weg.

7 Simsala hat ihre Aufgaben nach Rechenwegen sortiert.
Weißt du nach welchen? Erkläre und rechne.

$14 - 7$
$16 - 8$
$20 - 10$

$13 - 6$
$15 - 7$
$17 - 9$

$15 - 9$
$16 - 9$
$12 - 9$

$18 - 9$

Und was mache ich mit dieser Aufgabe?

 Finde jeweils weitere Aufgaben.

8 Wie löst du diese Aufgaben? Erkläre. Überprüfe mit der Umkehraufgabe.

a) $15 - 8$	b) $18 - 3$	c) $12 - 7$	d) $13 - 4$	e) $13 - 7$
$13 - 9$	$11 - 6$	$11 - 8$	$8 - 4$	$15 - 9$
$10 - 5$	$20 - 10$	$18 - 9$	$13 - 8$	$12 - 6$

f) Erkläre einen Rechenweg in deinem 📖.

① Spanne nach. Zeichne freihändig oder mit Lineal.

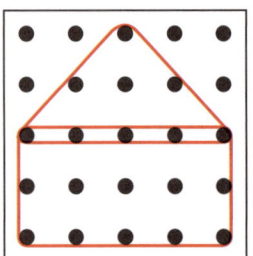 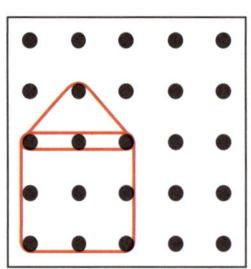 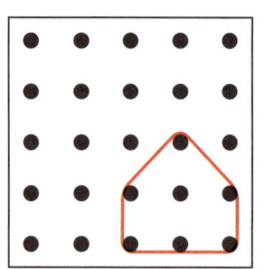 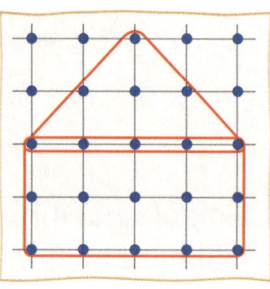

Aus welchen Formen bestehen die Häuser?
Spanne und zeichne eigene Häuser.

② Spanne und zeichne auf.

a) Boote

b) Tiere

 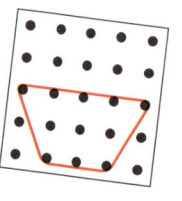 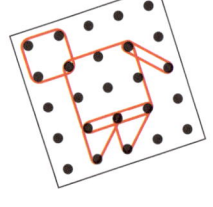 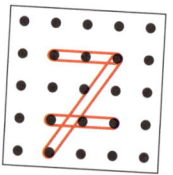

c) Pfeile

d) Zahlen

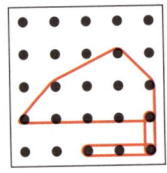 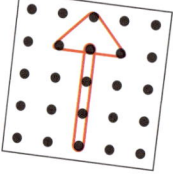 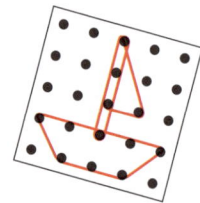 

3 a) Spanne Quadrate an verschiedenen Stellen. Zeichne.

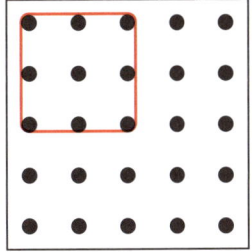 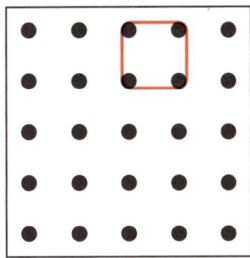 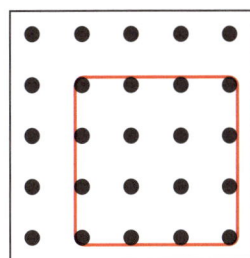 

Welches Quadrat ist das kleinste, welches das größte?

Wie viele verschiedene Quadrate könntest du auf dem Geobrett spannen?
Die Quadrate müssen immer unterschiedlich groß sein.

Wie viele von den kleinsten Quadraten könntest
du auf dem Geobrett spannen?

b) Spanne auch andere Vierecke. Zeichne.

4 a) Spanne kleine und große Dreiecke. Zeichne.

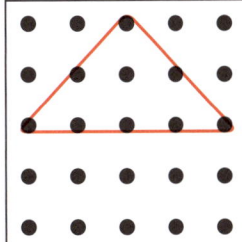 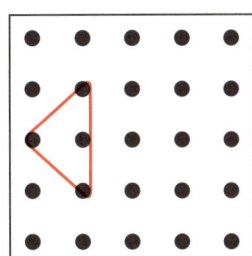 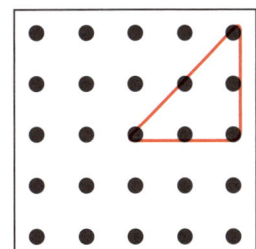 

b) Spanne dieses Dreieck.

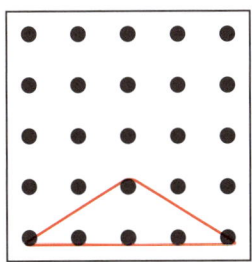

Ziehe den Gummi immer um
einen Nagel nach oben.

Wie sieht das zweite, dritte,
vierte Dreieck aus?

Zeichne.

  5 Spanne eine Figur. Dein Partner spiegelt sie.

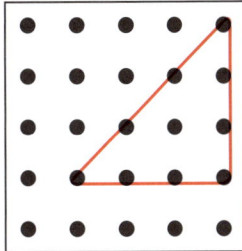 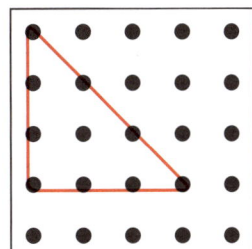  

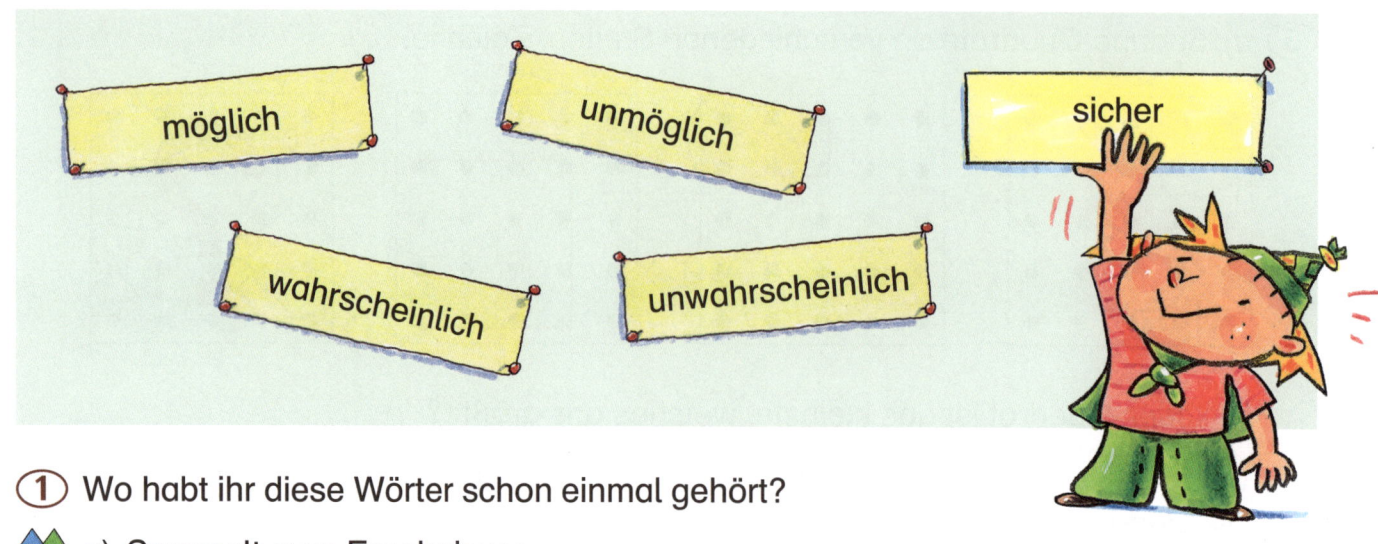

① Wo habt ihr diese Wörter schon einmal gehört?

a) Sammelt eure Ergebnisse:

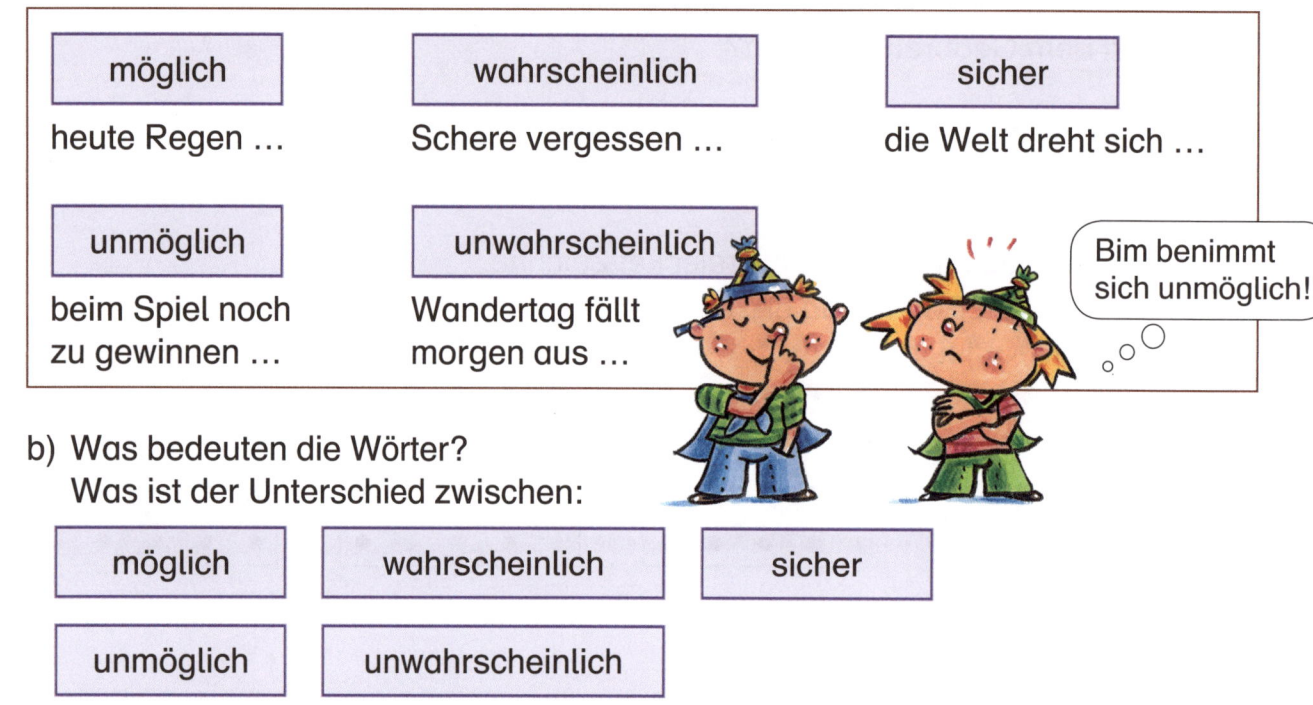

möglich	wahrscheinlich	sicher
heute Regen …	Schere vergessen …	die Welt dreht sich …

unmöglich	unwahrscheinlich
beim Spiel noch zu gewinnen …	Wandertag fällt morgen aus …

Bim benimmt sich unmöglich!

b) Was bedeuten die Wörter?
   Was ist der Unterschied zwischen:

möglich	wahrscheinlich	sicher

unmöglich	unwahrscheinlich

② Was sagst du dazu? Kann das sein?

a) Wahrscheinlich machen wir in diesem Schuljahr noch einen Wandertag.

b) Es ist sicher, dass jedes Kind eine Schwester hat.

c) Es ist unmöglich, dass wir heute noch ein Lied singen.

d) Es ist unwahrscheinlich, dass die Schule morgen um 12 Uhr beginnt.

⭐ e) Erfindet noch andere Sätze mit:

möglich	wahrscheinlich	sicher

unmöglich	unwahrscheinlich

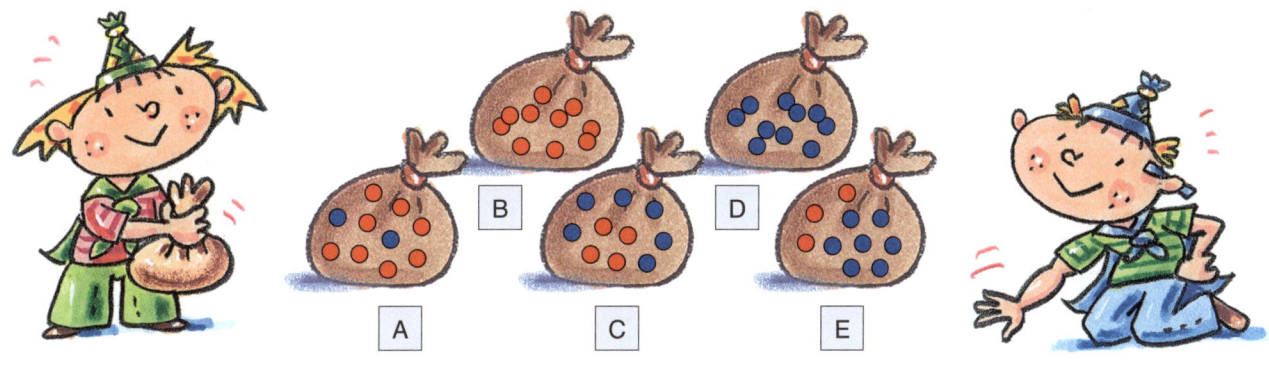

3 Simsala hat verschiedene Beutel mit blauen und roten Kugeln.
Bim möchte aus jedem Beutel eine blaue Kugel ziehen.

a) Beschreibe: „Bei Beutel A …, dass Bim eine blaue Kugel zieht."

möglich	wahrscheinlich	sicher

unmöglich	unwahrscheinlich

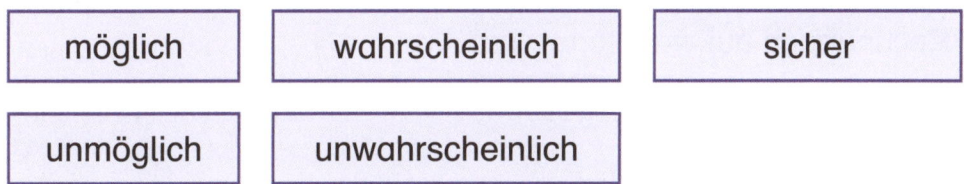 b) Wählt einen Beutel und probiert selbst.
Legt die Kugel immer zurück.
Was denkt ihr? Werdet ihr öfter eine
rote oder eine blaue Kugel ziehen?

Macht 20 Versuche und schreibt auf.
Vergleicht eure Vermutung mit eurem
Ergebnis.

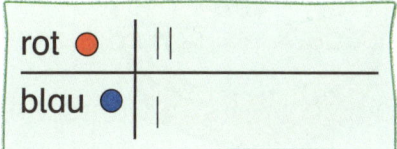

rot ● | ||
blau ● | |

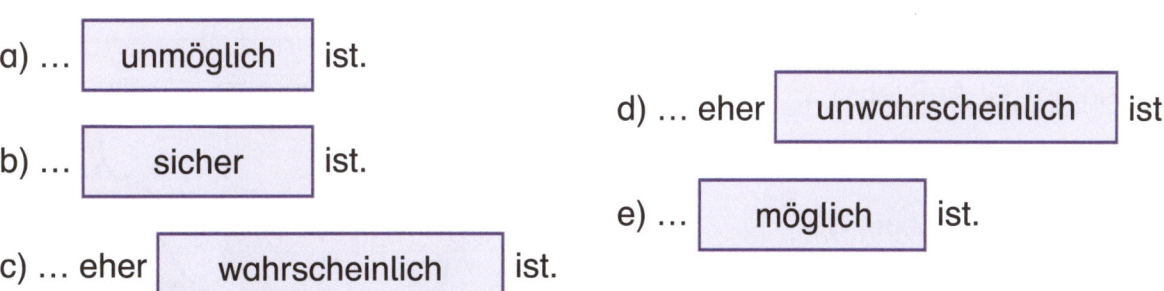 **4** Dein Partner will eine blaue Kugel ziehen.
Fülle einen Beutel mit 10 Kugeln so, dass das …

a) … | unmöglich | ist.

b) … | sicher | ist.

c) … eher | wahrscheinlich | ist.

d) … eher | unwahrscheinlich | ist.

e) … | möglich | ist.

Zeichne auf und probiere mit deinem Partner.
Vergleicht eure Lösungen.

Mehr wahrscheinlich –
weniger wahrscheinlich?

93

Plus oder minus?

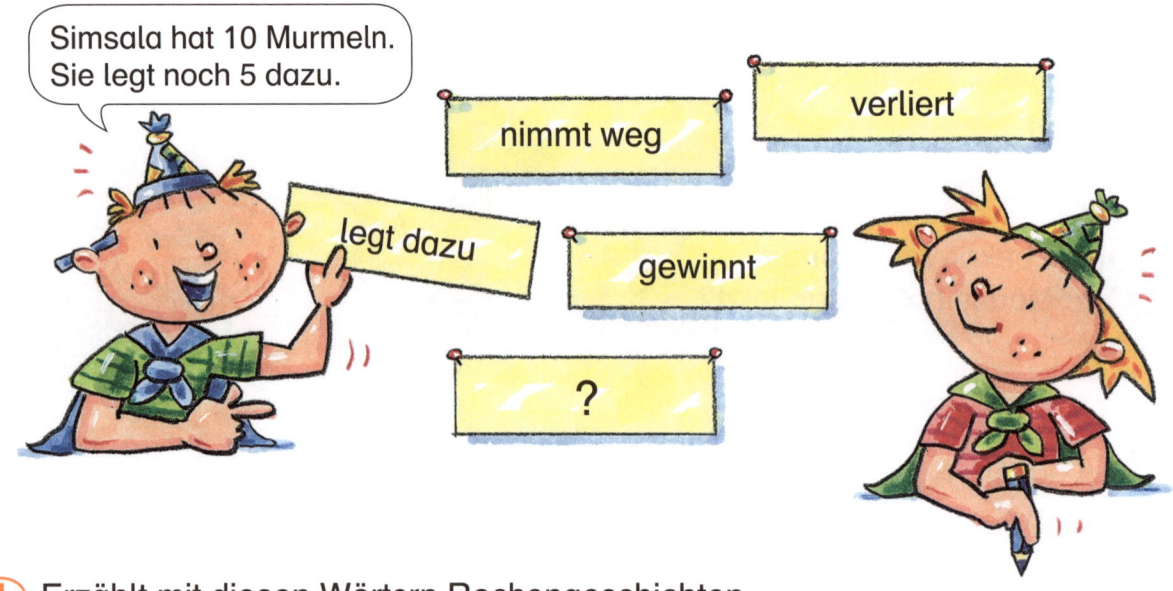

1 Erzählt mit diesen Wörtern Rechengeschichten.

Schreibt die Rechnungen auf. $10 + 5 = 15$

2 Schreibt oder malt Plusgeschichten.

Max hat 3 €.

Seine Oma schenkt ihm 5 €.

Wie viel Geld hat er nun?

Lest eure Rechengeschichten vor. Wer findet die Rechnungen?

3 Schreibt oder malt Minusgeschichten.

Lisa hat 12 Aufkleber.

5 davon schenkt sie Leo.

Wie viele Aufkleber hat
sie noch?

Lest eure Rechengeschichten vor. Wer findet die Rechnungen?

④ Plus oder minus? Schreibe die Rechnung auf.

Stefan hat 9 weiße Mäuse.
Eine Maus bekommt 8 Junge.
Wie viele Mäuse hat Stefan jetzt?

Hanna hat 15 Murmeln.
Sie gibt 6 davon her.
Wie viele hat sie noch?

18 Kinder sitzen im Bus.
3 steigen aus.

Wie viele sitzen noch im Bus?

In der Kiste sind 20 Flaschen.
Die Kinder trinken alle leer.
Wie viele Flaschen sind noch voll?

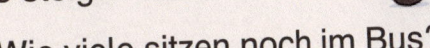

⑤ Manchmal hilft ein Bild. Wie kannst du rechnen?

Lisa hat 8 Bonbons. Ali hat 6.

Wie viele hat Lisa mehr?

Lisa • • • • • • • •
Ali • • • • • •

$8 -$ ▢ $=$ ▢
$6 +$ ▢ $=$ ▢

In Mannschaft A sind 11 Kinder.

In Mannschaft B nur 5.

Die Mannschaften sollen gleich groß
werden. Wie viele Kinder müssen zu
Mannschaft B noch dazukommen?

Überlege, kann deine Lösung stimmen?

⑥ Male ein Bild und rechne.

Max hat 6 €.

Simon hat 12 €.

Wie viel Euro hat Max weniger?

Miriam hat 13 Bonbons.

Lukas sagt: „Wenn ich von meinen
Bonbons 2 esse, habe ich so viele wie Miriam."

Wie viele Bonbons hat Lukas?

Überlege, kann deine Lösung stimmen?

1 Verdoppeln und Nachbaraufgaben suchen: Rechne.

4 + 5 = ▢	5 + 4 = ▢
5 + 5 = 1 0	
6 + 5 = ▢	5 + 6 = ▢

a) 5 + 5
6 + 6
4 + 4
3 + 3
1 + 1

b) 7 + 7
8 + 8
10 + 10
2 + 2
9 + 9

2 Schreibe alle Verdopplungsaufgaben bis 20 in dein 📖.

3 Welche Verdopplungsaufgabe hilft?
Finde beide Möglichkeiten.

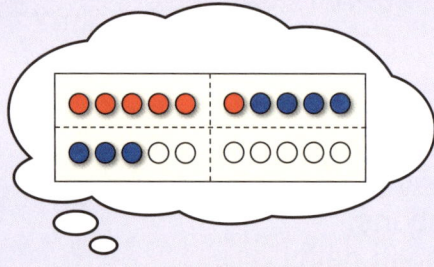

4 + 3 = ▢
4 + 4 = 8
3 + 3 = 6

a) 4 + 3
5 + 6
7 + 6
9 + 8

b) 8 + 7
6 + 5
4 + 5
5 + 4

c) 6 + 7
8 + 9
3 + 4
7 + 8

4 Zwischenstopp bei 10: Rechne.

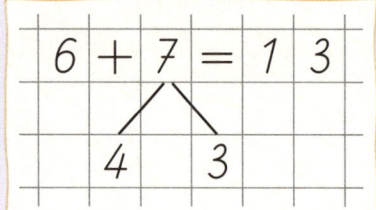

6 + 7 = 1 3
4   3

a) 6 + 7
4 + 9
8 + 4

b) 6 + 8
5 + 8
8 + 3

c) 9 + 2
3 + 9
7 + 9

d) 6 + 9
9 + 4
8 + 6

e) 9 + 7
4 + 8
9 + 3

f) 3 + 8
2 + 9
9 + 6

5 Zwischenstopp bei 10: Rechne.

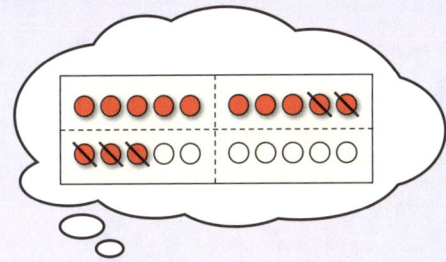

a) 13 – 5
15 – 6
11 – 3

b) 13 – 4
15 – 9
12 – 5

c) 14 – 8
16 – 7
15 – 8

$$1\;3 - 5 = 8$$

$$3 \quad 2$$

d) 13 – 7
17 – 8
11 – 5

e) 14 – 9
12 – 3
11 – 8

f) 11 – 7
16 – 9
14 – 5

6 Plus (+) oder minus (−)? Schreibe die Rechnung auf.

Peter hat 12 Murmeln.

Er gibt Eva 3.

Wie viele hat er noch?

Miriam hat 5 €.

Oma schenkt ihr 10 €.

Wie viel Geld hat Miriam jetzt?

Hendrik hat 4 Bonbons.

Lisa hat 2 mehr.

Wie viele hat sie?

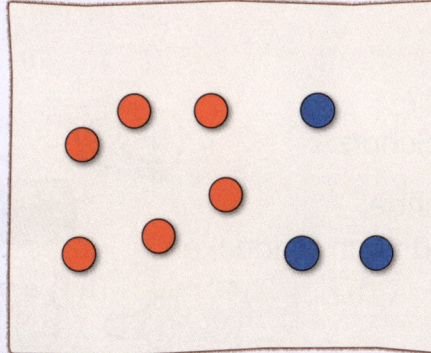

Auf dem Spielplatz sind 3 Mädchen und 5 Jungen.

 Wie viele Kinder sind es insgesamt?

7 Schreibe oder male zu drei Rechnungen Geschichten in dein 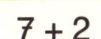.

| 7 + 2 | 10 – 4 | 6 + 6 | 13 – 4 | 16 – 8 |

| 6 + 8 | 14 – 5 | 8 + 0 | 20 – 7 | ? |

Wege zum Piratenschatz

① **Wo ist der Schatz versteckt?**
Beschreibe den Weg zum Schatz.

② **Was kannst du auf dem Bild noch entdecken?**
Erzähle.

③ Malt selbst ein Bild zur Schatzsuche.
Tauscht eure Bilder. Beschreibt die Wege zum Schatz.

④ Das Klassenzimmer als Schatzinsel:
Ein Kind geht hinaus.
Der Schatz wird versteckt.
Das Kind soll den Schatz mit eurer Hilfe finden.

Beschreibt einen kurzen oder einen langen Weg.

vor · unter · auf · über · neben · hinter · zwischen · ? · oben · unten · hinten · vorne

Gehe 3 Schritte nach rechts, …

?

Gehe zwischen die erste und die zweite Bankreihe, …

5 Das Schatzkartenspiel

Wer kommt am schnellsten zum Schatz?

Ihr braucht:

 und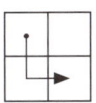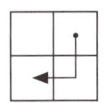

Du darfst die Kärtchen auch drehen.

So geht es: • Spielsteine auf die Boote stellen
• Kärtchen verdeckt hinlegen
• ein Kärtchen aufdecken
• den aufgezeichneten Weg gehen

z.B. ☐ nach unten oder ☐ nach rechts
und rechts und oben

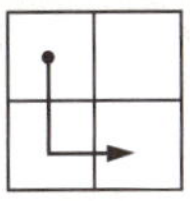

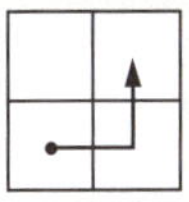

oder …

1. Vergleiche die Scheine miteinander, vergleiche die Münzen.

2. Lege einen Geldbetrag – dein Partner zählt. Wie viel Geld ist es?

3. Wie viel Geld ist es? Schreibe auf.

a)

b)

c)

	7	€		5	€	②

d)

e)

f)

4. Wie legst du 10 Euro, 5 Euro, …? Finde viele Möglichkeiten. Schreibe auf.

5. Lege mit möglichst wenigen Münzen und Scheinen. Schreibe auf.

Bis 10 € brauche ich höchstens 3 Münzen und einen Schein.

1	€		①			
2	€		②			
3	€		②	①		
…						

6 Welche Münzen und Scheine sind es? Schreibe auf.

a)

| 3 | € | | | ? | ? | ? |

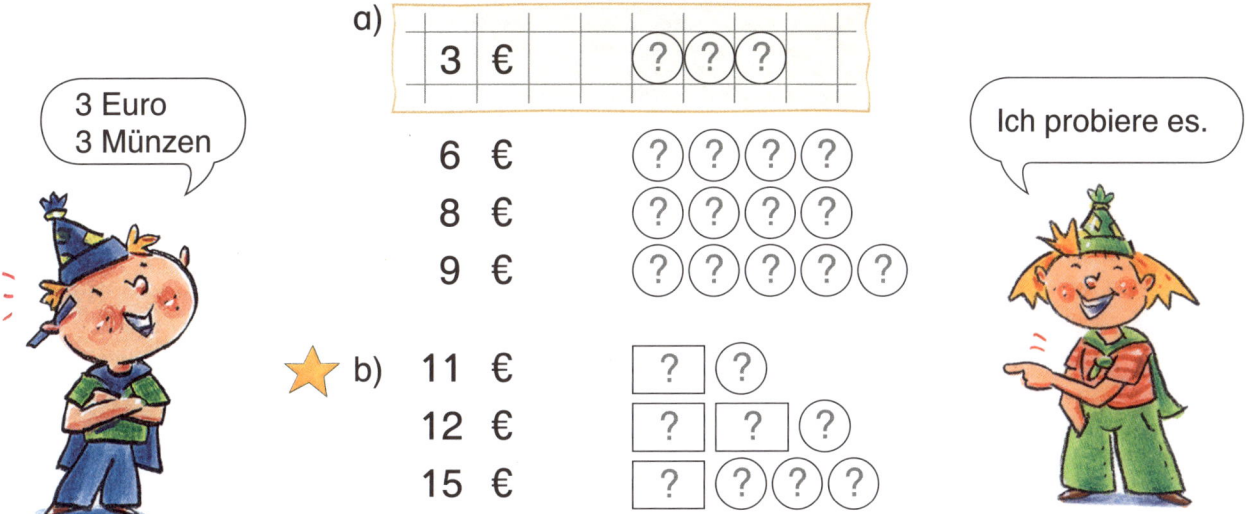

3 Euro
3 Münzen

Ich probiere es.

6 € ? ? ? ?
8 € ? ? ? ?
9 € ? ? ? ? ?

★ b) 11 € ? ?
12 € ? ? ?
15 € ? ? ? ?

7 In welchem Schwein ist jeweils mehr Geld? Vergleiche: mehr , weniger , gleich viel .
Schreibe mit >, <, =.

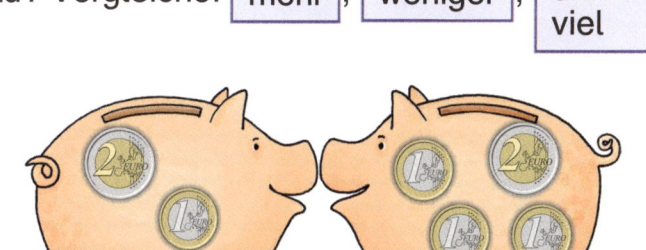

| 6 | € | > | 4 | € |

| | € | ○ | | € |

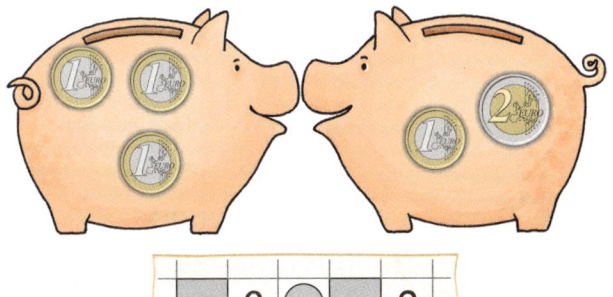

| | € | ○ | | € |

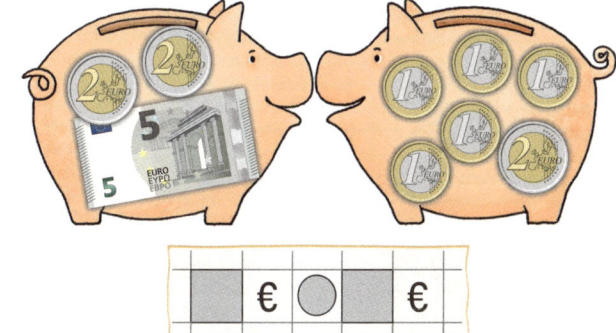

| | € | ○ | | € |

| | € | ○ | | € |

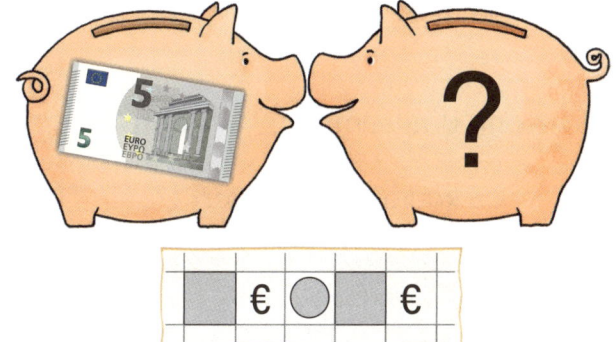

| | € | ○ | | € |

(1) Wie viel kosten die Dinge zusammen?

a)

b)

c)

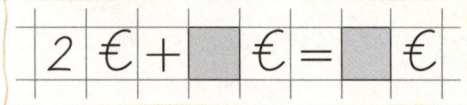

2	€	+		€	=		€

d)

e)

f)

(2) Kaufe selbst ein. Male und rechne.

(3) Du kaufst für genau 10 Euro ein. Was kann das sein?

1	0	€	=	3	€	+	7	€
1	0	€	=			+		

★ Was kostet es wohl, wenn du alles kaufst? Schätze zuerst, überprüfe dann durch Nachrechnen.

(4) Kann das stimmen? Überprüfe.

> Ich kaufe einen Kleber und das Buch für 5 €.

> Der Malkasten und der Pinsel kosten zusammen 13 €.

> Radiergummi, Buntstifte und Spitzer kosten weniger als 5 €.

5 Wie kannst du bezahlen?

a)

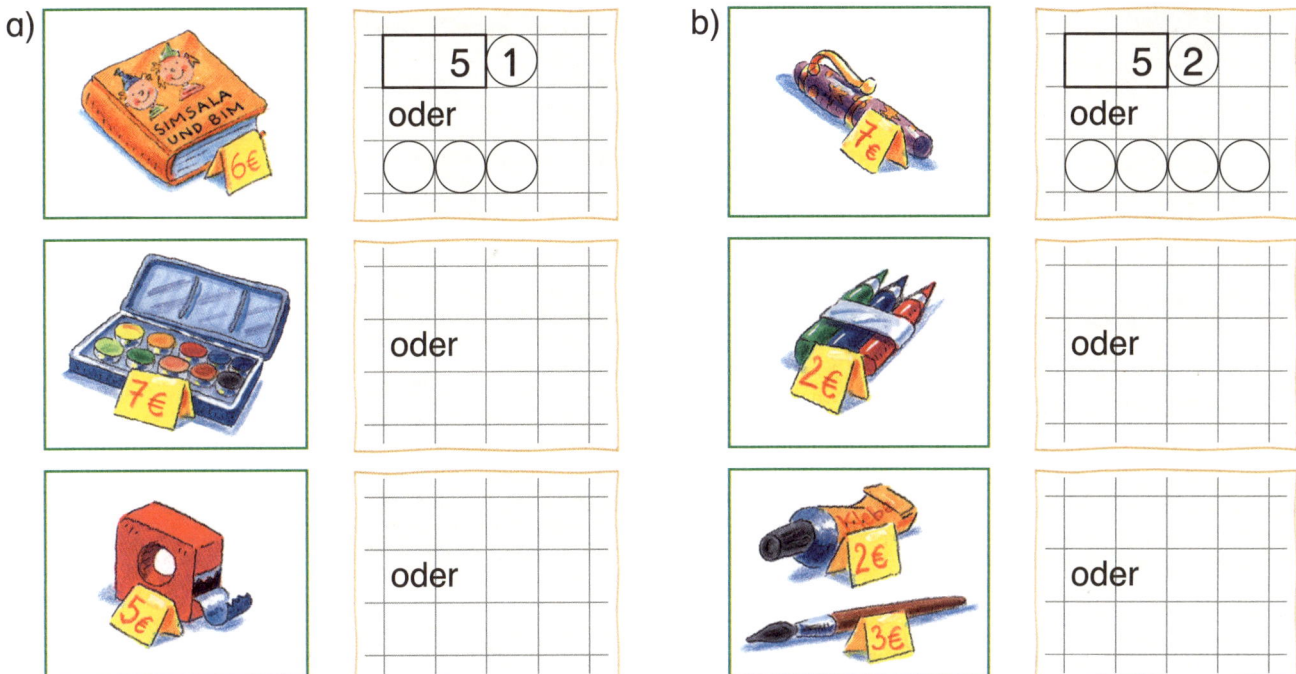

	5	1
oder		
○ ○ ○		

b)

	5	2
oder		
○ ○ ○ ○		

oder

oder

oder

oder

…   …

6 Wie viel bekommst du zurück? Spielt und schreibt auf.

Ich rechne so:
10 € – 7 € = ☐ €

Ich rechne so:
7 € + ☐ € = 10 €

Ich kaufe: Ich gebe: zurück:

a)   ?

b)   ?

c)   ?

7 So wurde zurückgegeben. Stimmt das?

Tom kauft: Tom gibt: zurück:

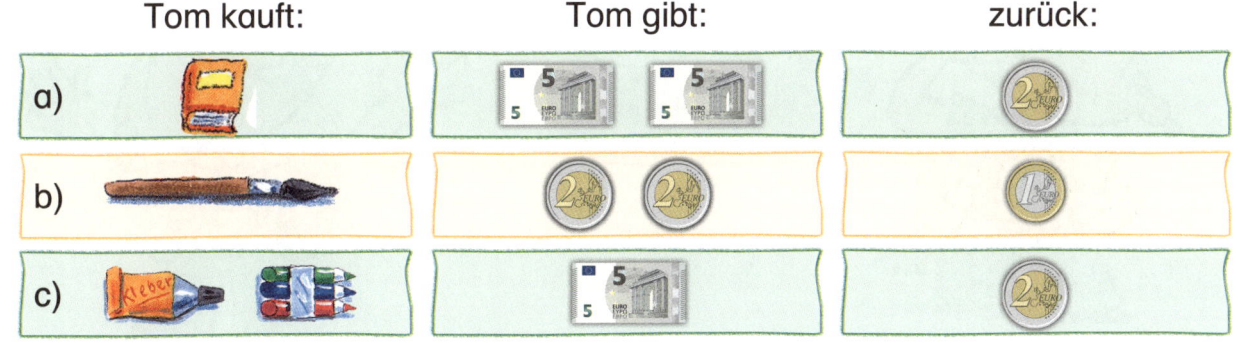

a)

b)

c)

103

a)  b) c)

d)  e) f)

1 Vergleiche die Münzen.
Welche Rückseite gehört zu welcher Münze?
Schraffiere Vorder- und Rückseite einer Münze in dein 📖.

2 Lege die Beträge mit möglichst wenigen Münzen. Schreibe auf.

a) 1 ct , 2 ct , 3 ct , 4 ct , 5 ct , … 10 ct

b) 11 ct , 12 ct , 13 ct , 14 ct , 15 ct , … 20 ct

a)	1	ct	①	
	2	ct	②	
	3	ct	②	①

Ich brauche nie mehr als 4 Münzen.

c) Gibt es einen Betrag, für den man mehr als 4 Münzen legen muss?

3 10 erreicht – gewonnen!

Spielt so: Wer zu 10 ct auffüllt, gewinnt ein -Stück.

Wer gewinnt die meisten -Stücke?

2 Cent dazu … gewonnen!

4 Wie viel Geld ist es? Zähle geschickt.

a) 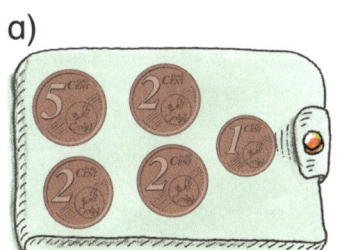　　b) 　　c) 　　d)

Legt selbst Beträge und schreibt die Ergebnisse auf.
Dein Partner legt sie mit anderen Münzen.

5 Geld schnell gezählt.

a) 　　b) 　　c)

1	6	ct

d) 　　e) 　　f)

6 Lege für deinen Partner einen Geldbetrag so, dass er schnell zählen kann.

7 Welche Münzen fehlen? Ergänze sie. Schreibe so auf:

a)
(10)	(2)	(1)
(5)	(2)	

a) 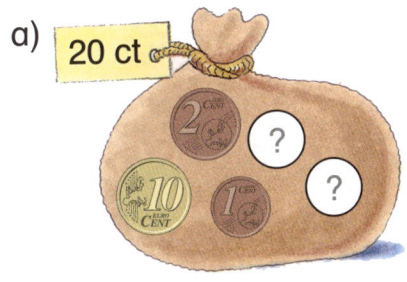　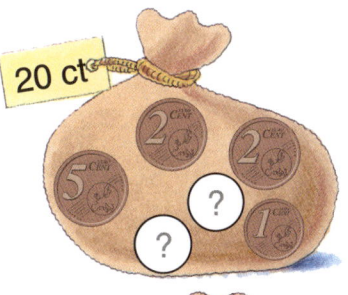

b) 　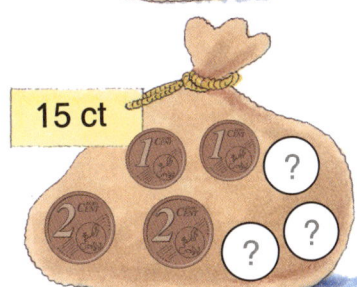　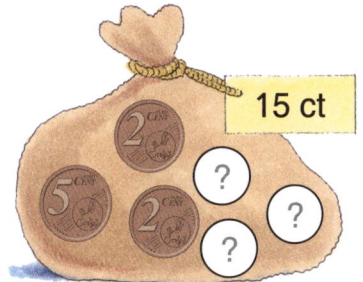

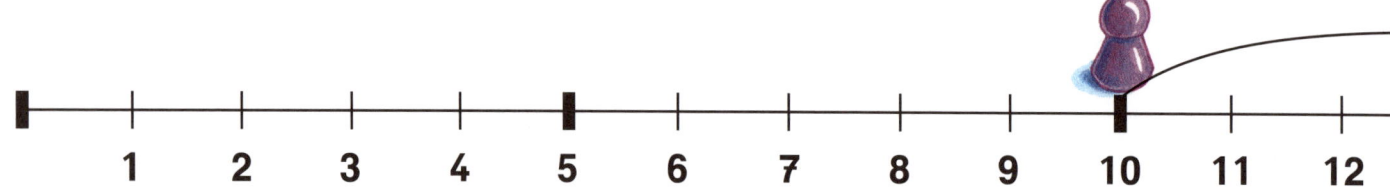

1 Spiel:

Nehmt einen Zahlenstrahl.
Startet bei 10. Zieht immer eine
Plus- und eine Minuskarte. Springt.
Wer erreicht die größte Zielzahl?
Spielt auch mit anderen Startzahlen.

2 Wie heißt die Zielzahl? Kontrolliere mit dem Zahlenstrahl.

a) 1 (+ 4) = ☐
   3 (+ 2) = ☐
   7 (+ 3) = ☐
   8 (+ 2) = ☐

b) 10 (− 1) = ☐
   9 (− 3) = ☐
   4 (− 4) = ☐
   7 (− 6) = ☐

c) 12 (+ 3) = ☐
   9 (+ 2) = ☐
   8 (+ 4) = ☐
   7 (+ 7) = ☐

d) 19 (− 3) = ☐
   13 (− 3) = ☐
   14 (− 2) = ☐
   11 (− 2) = ☐

Überlege:
Woran erkennst
du ⊕ oder ⊖?

3 Plus- oder Minuskarte? Überprüfe durch Nachrechnen.

a) 5 ⬭ = 7
    9 ⬭ = 7
   10 ⬭ = 6

b) 2 ⬭ = 6
   18 ⬭ = 16
    9 ⬭ = 11

c) 12 ⬭ = 15
   17 ⬭ = 13
   19 ⬭ = 20

d) 18 ⬭ = 17
    4 ⬭ = 7
   12 ⬭ = 10

4 Schreibe die Rechnung zum Bild auf.

a)
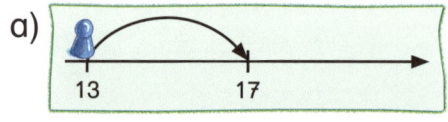

$$1\ 3\ (+\ 4) = 1\ 7$$

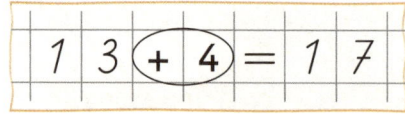

b)
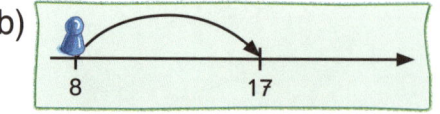

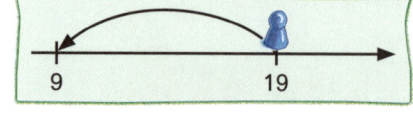

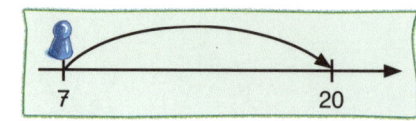

c)
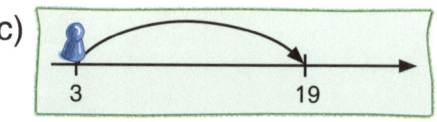

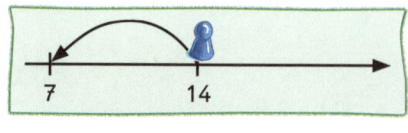

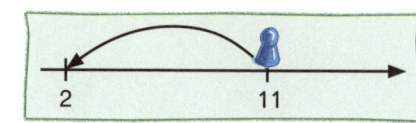

5 Umkehren: Springe vor und zurück zur Startzahl.
Schreibe Aufgabe und Umkehraufgabe auf.

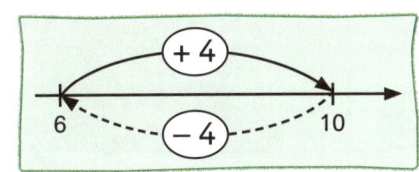

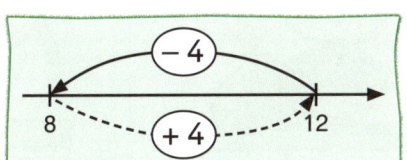

$$6 + 4 = 10$$
$$10 - 4 = 6$$

$$12 - 4 = 8$$
$$8 + 4 = 12$$

a)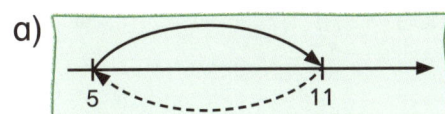

b)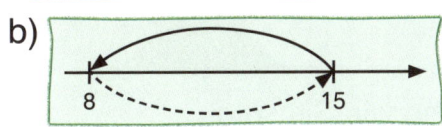

c)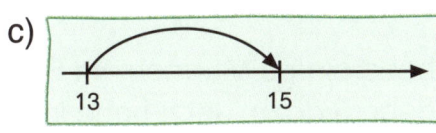

d)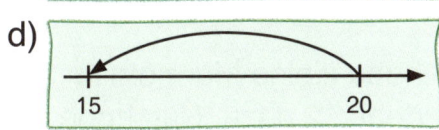

e)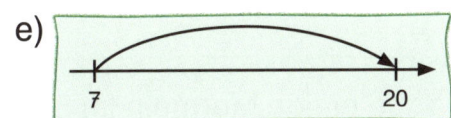

f)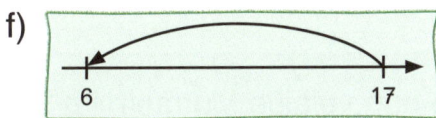

6 Finde die Startzahl mithilfe der Umkehraufgabe.

a)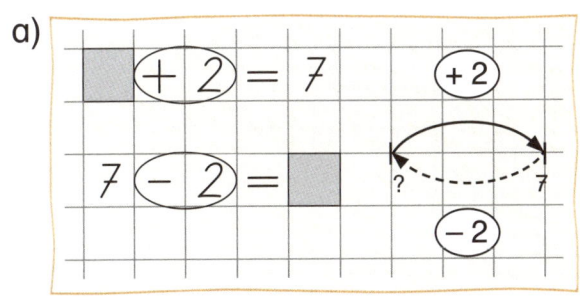

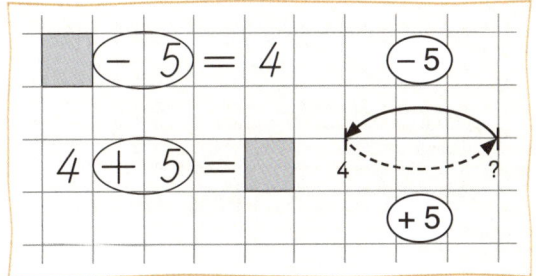

b) ▨ + 7 = 16   ▨ + 5 = 20   ▨ + 4 = 12

16 − 7 = ▨   20 − 5 = ▨   12 − 4 = ▨

7 Suche selbst die passende Umkehraufgabe.

▨ + 6 = 14   ▨ − 8 = 4   ▨ + 7 = 16

▨ − 4 = 9   ▨ + 7 = 19   ▨ − 3 = 14

Rechenrätsel mit Murmeln

① Wie viele Murmeln waren im Sack?

Ich habe einige Murmeln im Sack.

Ich gebe 2 dazu.

Jetzt habe ich 11.

$$+ 2 \qquad = 11$$

Warum schreibt Simsala so?

Beim Rechnen hilft mir die Umkehraufgabe.

② Schreibe wie Simsala.

a)

Ich habe einige Murmeln im Sack.
Ich gebe 12 dazu. Nun habe ich 20.

Ich habe einige Murmeln im Sack.
Ich gebe 6 dazu. Jetzt habe ich 12.

b)

Ich habe einige Murmeln im Sack.
Ich nehme 5 weg. Jetzt habe ich 12.

Ich habe einige Murmeln im Sack.
Ich nehme 8 weg. Nun habe ich 4.

c)

Leon bekommt noch 8 Murmeln
von Stefan. Clara schenkt ihm 6.
Jetzt hat Leon 22.

Paul bekommt 7 Murmeln.
5 Murmeln verschenkt er.
Jetzt hat Paul 21.

Überprüfe durch Nachrechnen.

 ③ Erfinde selbst Rätsel mit dem Murmelsack. Dein Partner löst sie.

 ④ Erzählt zu diesen Aufgaben Rätsel und rechnet.

a) ☐ + 5 = 12   b) ☐ − 2 = 18   c) ☐ + 12 = 17   d) ☐ − 9 = 8

☐ − 2 = 7   ☐ + 6 = 15   ☐ − 4 = 11   ☐ + 8 = 16

☐ + 5 = 11   ☐ − 7 = 7   ☐ + 10 = 20   ☐ − 12 = 5

5, 6, 7, 8, 9, 9, 10, 14, 15, 17, 17, 20

5 Was ist passiert?

Ich habe 15 Murmeln im Sack.

Simsalabim.

Nun sind es 9.

$$15 - \boxed{} = 9$$

Warum schreibt Bim so?

6 Schreibe wie Bim.

a)
Es sind 17 Murmeln im Sack.
★ Simsalabim ★. Nun sind es 11.

Es sind 20 Murmeln im Sack.
★ Simsalabim ★. Nun sind es 7.

b)
Es sind 9 Murmeln im Sack.
★ Simsalabim ★. Nun sind es 14.

Es sind 10 Murmeln im Sack.
★ Simsalabim ★. Nun sind es 19.

c)
Marek hatte 13 Murmeln. Von Jule bekommt er 8.
Amelie schenkt er einige Murmeln.
Jetzt hat er noch 16.

Überprüfe durch Nachrechnen.

7 Erfinde selbst Rätsel mit dem Murmelsack. Dein Partner löst sie.

8 Erzählt zu diesen Aufgaben Rätsel und rechnet.

a) $3 + \boxed{} = 11$

$5 + \boxed{} = 12$

$7 + \boxed{} = 19$

b) $15 - \boxed{} = 12$

$16 - \boxed{} = 11$

$19 - \boxed{} = 3$

c) $14 - \boxed{} = 8$

$15 - \boxed{} = 7$

$13 - \boxed{} = 2$

d) $15 + \boxed{} = 20$

$16 + \boxed{} = 20$

$2 + \boxed{} = 11$

3, 4, 5, 5, 6, 7, 8, 8, 9, 11, 12, 16

Kennst du die Uhr?

Nimm als Zeiger Streichhölzer.

① Dein Tagesablauf:
Wo stehen die Zeiger, wenn du …

… aufstehst?

… ins Bett gehst?

… mit den Hausaufgaben beginnst?

… Pause hast?

… zu Abend isst?

… aus dem Haus gehst?

Schreibe oder male deinen Tagesablauf ins .

② Kennst du diese Uhrzeiten?

a) 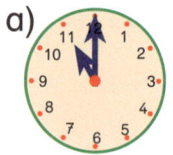   b) 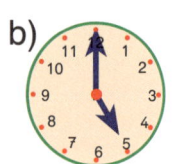   c) 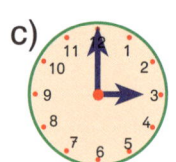   d)    e)    f)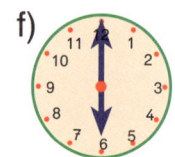

g) 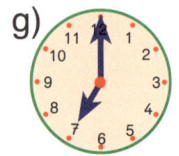   h) 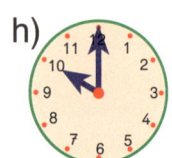   i) 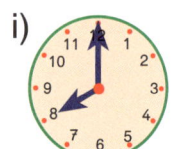   j)    k) 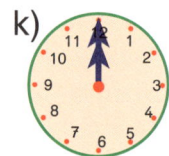   l)

a)	1	1	Uhr	☀
	2	3	Uhr	🌓

vormittags: 11 Uhr
abends: 23 Uhr

110

Zeitdauer

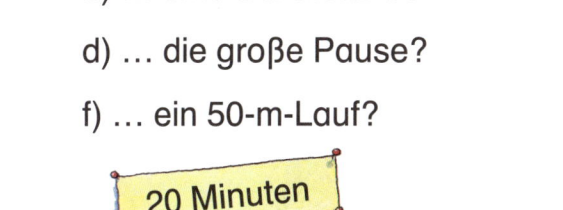

3 Wie lange dauert etwa …

a) … das Aufsagen der Zahlen von 1–10?   b) … eine Schulstunde?

c) … ein Schulvormittag?   d) … die große Pause?

e) … der Schlaf eines Schulkindes?   f) … ein 50-m-Lauf?

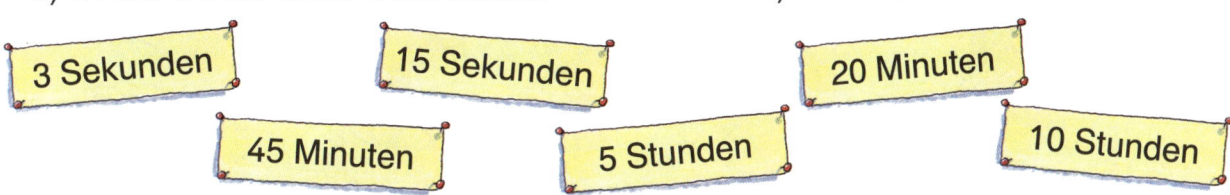

3 Sekunden 15 Sekunden 20 Minuten
45 Minuten 5 Stunden 10 Stunden

4 Schätze und miss mit der Stoppuhr. Wie lange …

a) … kannst du auf einem   b) … kann die Klasse still   c) … kannst du deinen
Bein stehen?   sitzen?   Partner anschauen, ohne
zu lachen?

5 Wie lange war jedes Kind …

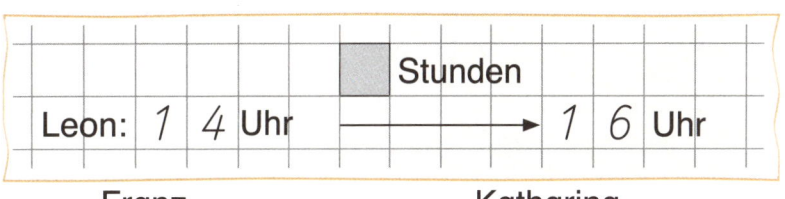

			Stunden			
Leon:	1	4 Uhr	→	1	6 Uhr	

a) … im Schwimmbad?

Leon   Franz   Katharina

b) … auf dem Spielplatz?

Jonathan   Mateja   Ayse

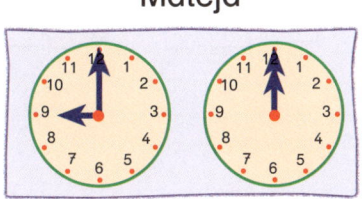
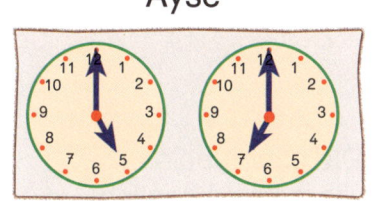

Vergleiche:

… länger als …   … am längsten …   … am kürzesten …

… kürzer als …   … gleich lang …

111

 1 a) Baut Dreiertürme aus diesen Steinen:

Jede Farbe darf nur einmal vorkommen.

Wie viele verschiedene Türme können es werden?

Malt:

  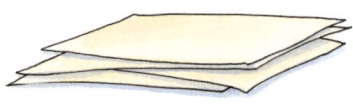

b) Wie könnt ihr eure Türme ordnen?
Habt ihr alle gefunden?

c) Vergleicht eure Ergebnisse mit anderen Gruppen.

2 Leons Gruppe hat so geordnet. Was fällt dir auf?

Die ersten beiden
Türme sind ähnlich.

Der unterste Stein
ist immer …

Wie könnte es weitergehen? Male.

3 Isabels Gruppe hat so geordnet. Was fällt dir auf?

Der rote Stein …

Immer das gleiche Muster …

Wie könnte es weitergehen? Male.

4 Du hast diese Steine:

a) Baue Dreiertürme. Jede Farbe darf mehrmals vorkommen.
   Wie viele verschiedene Türme kannst du bauen?
   Probiere und male.

 b) Hast du alle Türme gefunden? Ordne.
   Vergleiche mit dem Partner.

5 Du hast diese Steine: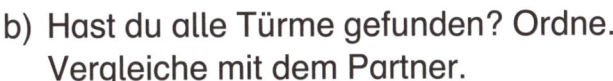

a) Baue Zweiertürme. Jede Farbe darf nur einmal vorkommen.
   Wie viele verschiedene Türme kannst du bauen?

   Probiere und male.

 b) Hast du alle Türme gefunden? Ordne.
   Vergleiche mit dem Partner.

 6 Du hast diese Steine:

Baue Vierertürme. Jede Farbe darf nur einmal vorkommen.
Wie viele verschiedene Türme kannst du bauen?
Findest du alle?

113

Tangram

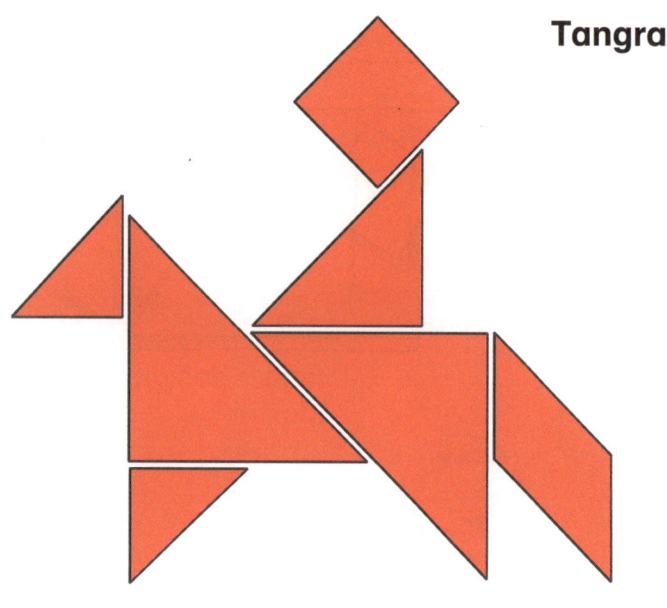

So kannst du ein Tangram schneiden.

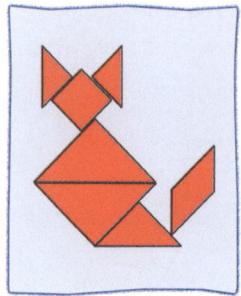

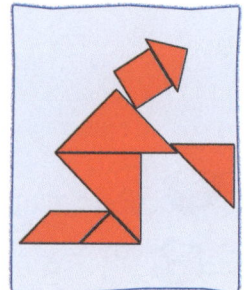
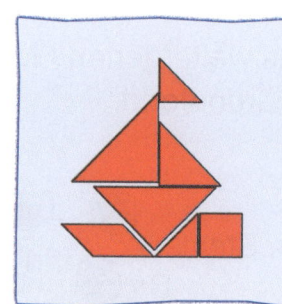
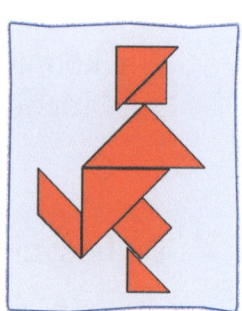

① Lege die Figuren nach.

 ② Erfinde Figuren – dein Partner legt sie nach.

Tangram

extra schwer!

③ Tangram-Ideen

Gestaltet einen Tangram-Zoo.

Schreibe eine Geschichte ins 📖.

Tipps:
1. Auf festem Untergrund falten.
2. Genau falten.
3. Kanten fest einstreichen.

Origami

Origami heißt „die Kunst des Papierfaltens".
Fast alle Figuren werden aus einem Quadrat
gefaltet.

④ So verwandelst du ein Rechteck in ein Quadrat.

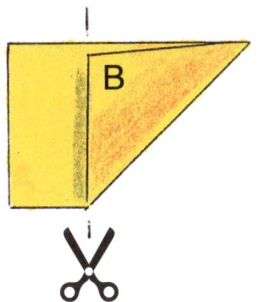

⑤ Die Drachen-Grundform

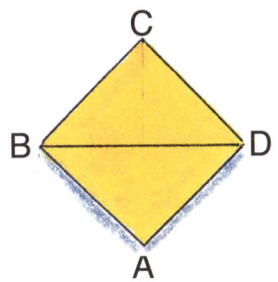
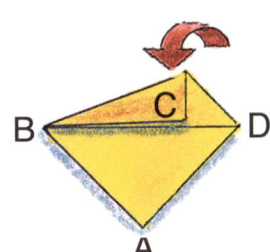
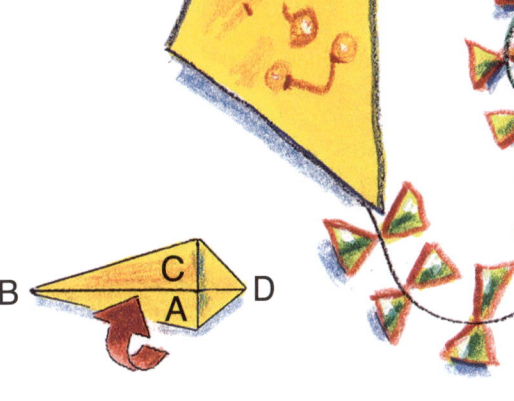

⑥ Ein Vogelschwarm

Aus der Drachen-Grundform wird ein Pfeil …

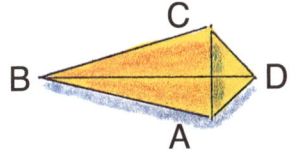

… und dann ein Vogel.

⑦ Male die fehlenden Augen und Beine.

Gestalte ein Bild
oder schreibe
eine Geschichte ins 📖.

115

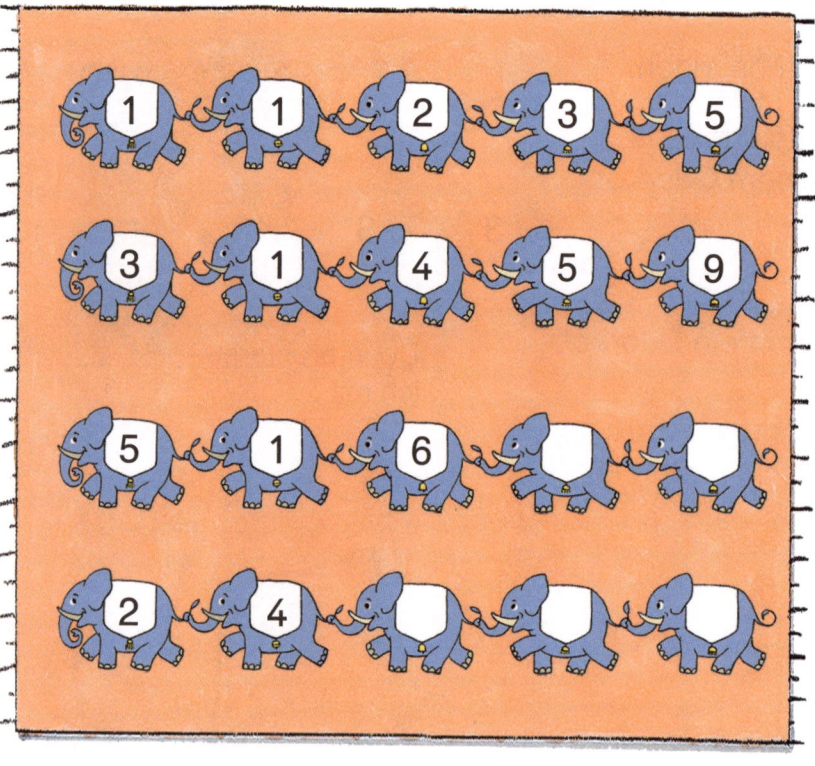

1 + 6 = 7

① Wo gehören die Kärtchen hin? Erkläre.

② Wie heißen die fehlenden Zahlen? Schreibe so: 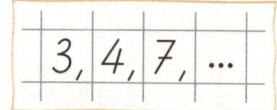 3, 4, 7, ...

③ Knobelelefanten

2 plus wie viel ist gleich 7?

Wie viel plus 1 ist gleich 8?

④ Erfinde eigene Knobelelefanten.

5 Immer 10. Hier gibt es mehrere Lösungen.

a) Wie viele findest du? Probiere aus.

 Ich probiere mit 2 und 3 am Anfang.

 Die Zahlen sind zu klein.

 Dann probiere ich mit …

 Ich versuche es von hinten.

 Ich probiere mal so …

b) Vergleicht eure Lösungen. Was fällt euch auf?

 Ich ordne die Elefantenkette und beginne mit 0, 2, …

Ich habe noch eine Lösung.

Die zwei Zahlen in der Mitte ergeben immer …

c) Wie viele Lösungen habt ihr? Sind das alle?

6 Immer 20. Wie viele Möglichkeiten findest du?

1 Wie rechnen die Kinder? Erkläre.

Erfindet selbst Rechendreiecke und legt.

2 Einfache Rechendreiecke

a)

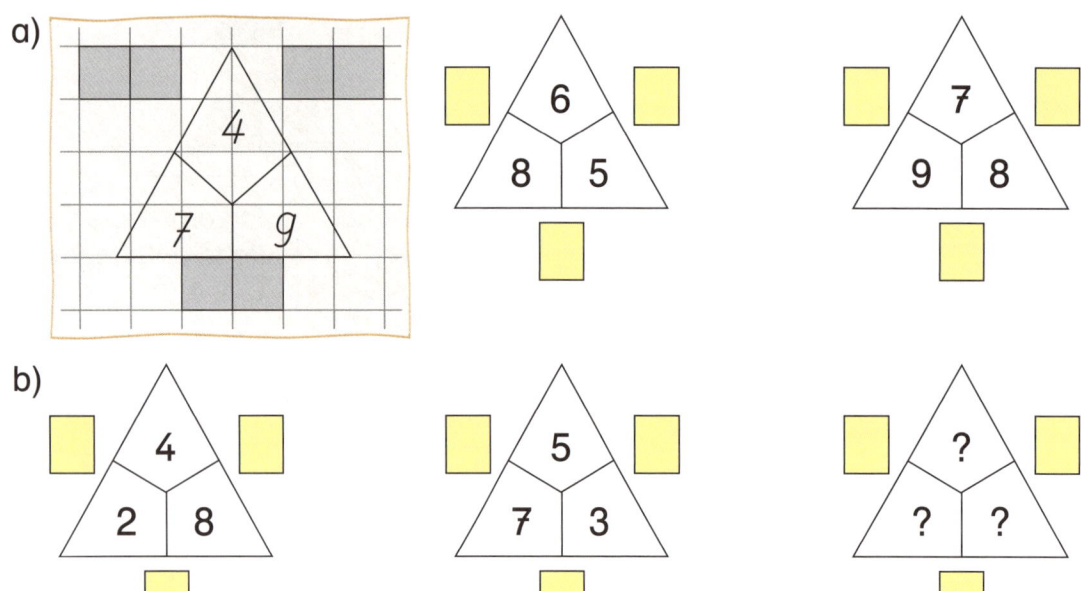

b)

3 Rechendreiecke mit 2 gleichen Zahlen. Was fällt dir auf?

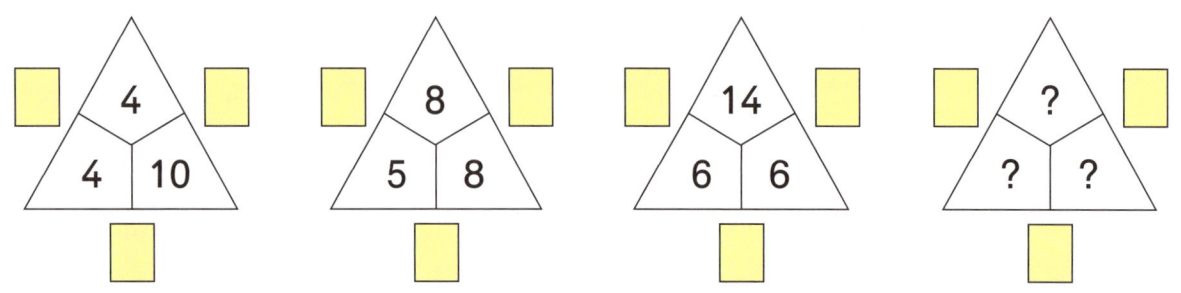

④ Wie löst du diese Dreiecke? Erkläre.

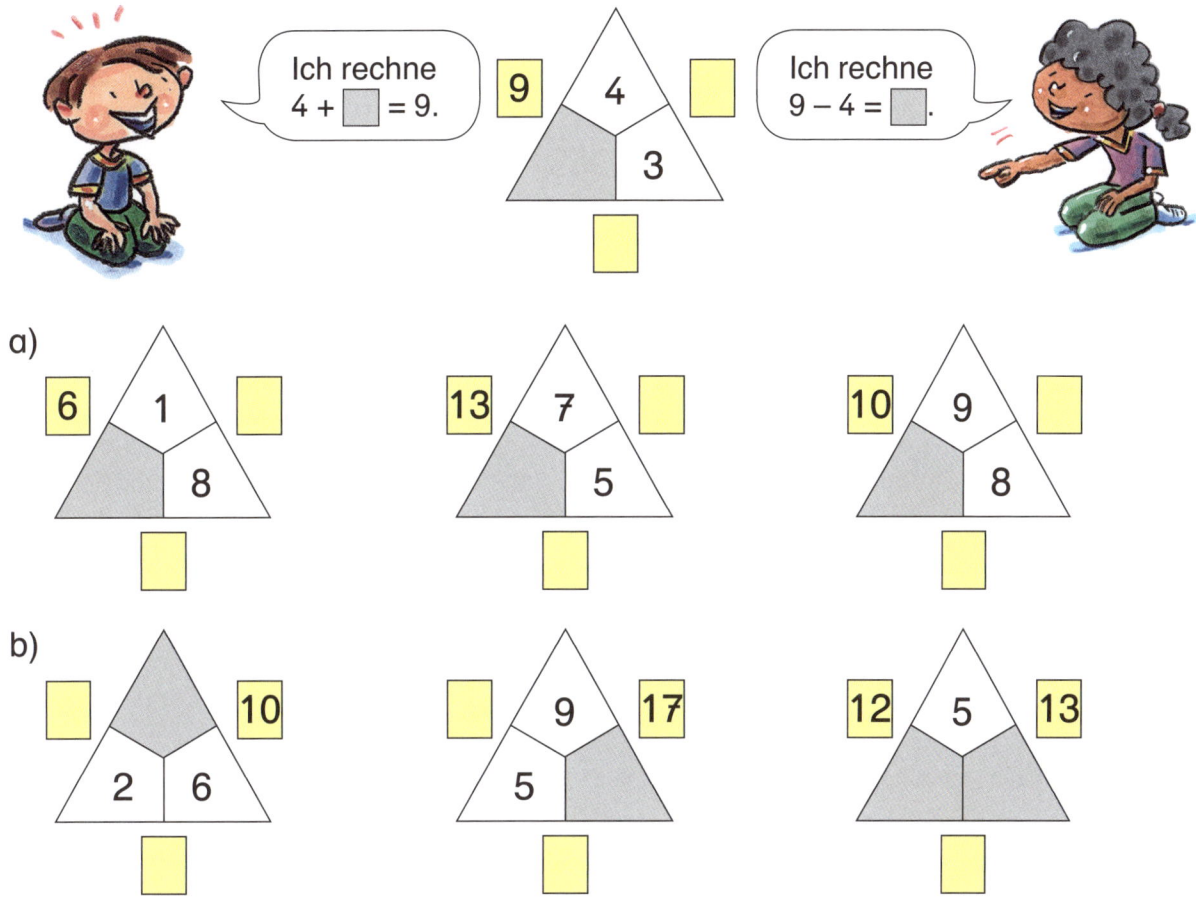

Ich rechne
4 + ▢ = 9.

Ich rechne
9 − 4 = ▢.

a)

b)

⑤ Immer 10 Plättchen.

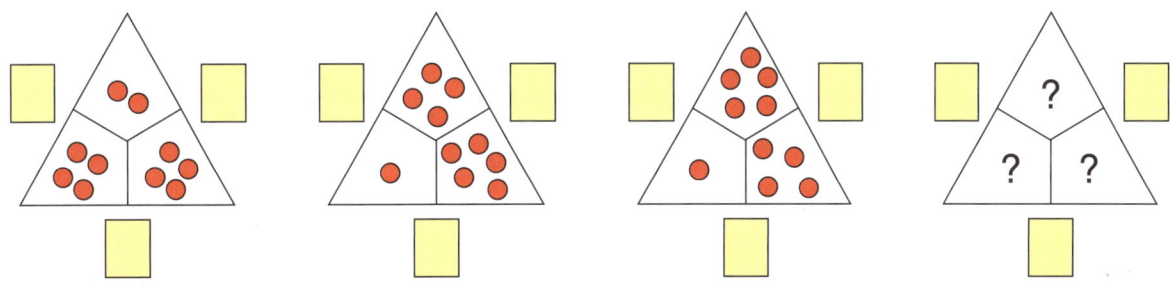

Zähle die Außenzahlen jedes Dreiecks zusammen.
Was fällt dir auf?

⑥ Verschiebe immer 1 Plättchen.

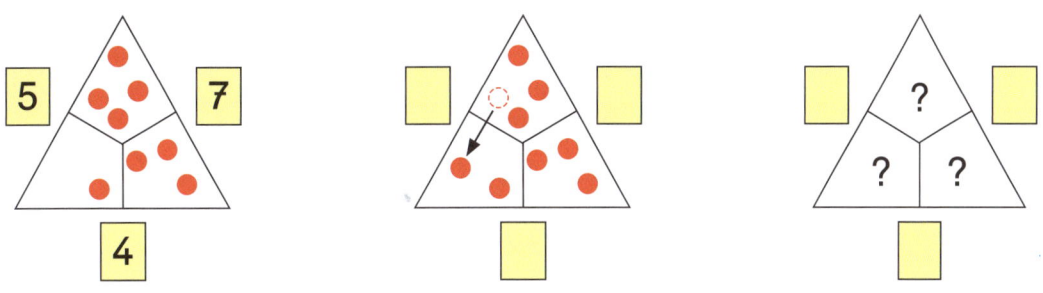

Zähle die Außenzahlen jedes Dreiecks zusammen. Was fällt dir auf?

119

① Hier sind 3 Mathener. Woran erkennt man sie?
Baue selbst Mathener.

  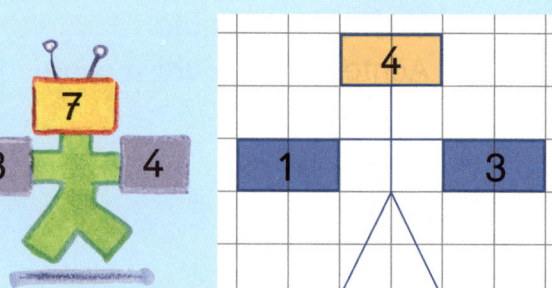

② Diese Figuren wollen Mathener werden.

a)

b)

③ Mathener-Zwillinge gesucht.

a)

b)

c)

d)

⭐ e) Findest du Mathener-Drillinge, -Vierlinge, …?

4 Ufos der Mathener

a) Wie ist der Bauplan?
Achte auf die Zahl
im Cockpit.

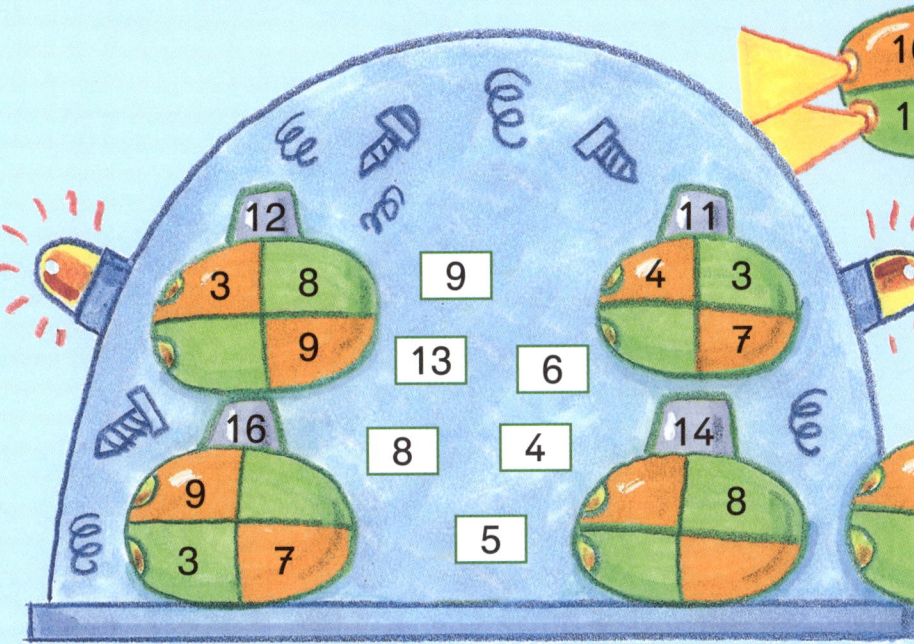

b) Baue die Ufos im Heft fertig. Erfinde weitere Ufos.

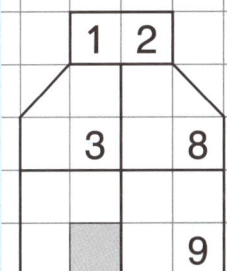

5 Mathener haben Haustiere.

In der Zahl auf dem Körper steckt der Name.

19

G	A	B	I
7 + 1 + 2 + 9 = 19			

20

	I	F	E
9 + 6 + 5 = 20			

a) Welche Zahlen tragen FEDA, DEFA und BEN?

A	B	C	D	E	F	G	H	I	J	K	L	M	N	O
1	2	3	4	5	6	7	8	9	10	11	12	13	14	15

b) Welche Zahlen tragen KEDO und HEDI?

c) Erfinde weitere Haustiere und male sie in dein .
Rechne ihre Zahlen aus.

1

14 = 10 + ☐   11 = ☐ + ☐

18 = 10 + ☐   16 = ☐ + ☐

15 = ☐ + ☐   19 = ☐ + ☐

Schöne Ferien!

2 Verdopple.

2	5	7	6	3	4	10	9	8
☐	☐	☐	☐	☐	☐	☐	☐	☐

3 >, <, = ?

a)

18 ◯ 14

7 ◯ 8

10 ◯ 10

b)

20 ◯ 12

11 ◯ 16

14 ◯ 4

c)

8 + 3 ◯ 10

6 + 6 ◯ 12

9 + 9 ◯ 20

4 Zerlege.

10
5	☐
☐	2
7	☐
1	6
☐	0

9
2	☐
6	4
☐	8
3	☐
☐	1

8
4	☐
1	2
☐	5
7	☐
☐	3

20
10	☐
6	2
8	5
4	13

15
5	☐
☐	12
8	☐
3	4
☐	9

5 3 Zahlen – 4 Aufgaben: Es gibt immer 2 Möglichkeiten.

6, 8, ?

8, 11, ?

1, 12, ?

10, 11, ?

5, 12, ?

14, 5, ?

7, 8, ?

6 Ordne nach der Größe.

a) 19, 9, 21, 12, 2, 5, 15, 1, 16

b) 20, 14, 4, 10, 7, 3, 13, 11, 18

7

7 + 2	6 + 4	3 + 5	9 + 1	4 + 4
17 + 2	16 + 4	13 + 5	19 + 1	14 + 4

1 + 8	2 + 6	10 + 2
11 + 8	12 + 6	20 + 2

Auf Wiedersehen in der 2. Klasse!

8 Halbiere.

10	8	16	4	12	20	6	14	18

9

a) 20 − 6
19 − 7
18 − 8
17 − 9
...

b) 2 + 17
3 + 15
4 + 13
5 + 11
...

c) 10 − 3
20 − 6
10 − 4
20 − 8
...

d) 10 + 5
10 − 5
9 + 4
9 − 4
...

10 Setze ➕ oder ➖ richtig ein.

6 ⚪ 4 = 10
3 ⚪ 5 = 8
12 ⚪ 3 = 9
18 ⚪ 6 = 12
19 ⚪ 1 = 18

11 Wie viel kommt dazu oder weg?

6 ▢ = 20   17 ▢ = 19

18 ▢ = 11   12 ▢ = 7

21 ▢ = 12   10 ▢ = 21

16 ▢ = 20   19 ▢ = 9

Quellenverzeichnis:

S. 53 rechts unten: Konfetti © Wolfgang Achmann, München

S. 54 oben Mitte und S. 55 oben Mitte: Paul Klee, Rote Brücke, 1928 © Interfoto / A. Koch

S. 100, 101, 103, 104, 105: Euromünzen (Vorderseite): Cornelsen/Detlef Seidensticker/Deutsche Bundesbank/ Luc Luycx aus Belgien

S. 100, 101, 103: Euroscheine: Cornelsen/Christine Wächter/Deutsche Bundesbank

S. 104: Euromünzen (Rückseite): Cornelsen/Christine Wächter/Deutsche Bundesbank

S. 122/123: Kristina Klotz, München

Zahlenzauber 1

Erarbeitet von:	Bettina Betz, Angela Bezold, Ruth Dolenc-Petz, Hedwig Gasteiger, Carina Hölz, Petra Ihn-Huber, Christine Kullen, Elisabeth Plankl, Beatrix Pütz, Carola Schraml, Karl-Wilhelm Schweden
Redaktion:	Anna Weininger, München; Christine Fischbacher
Illustration:	Mathias Hütter, Schwäbisch Gmünd; Renate Möller, Berlin
Umschlagkonzept:	Mendell & Oberer, München
Umschlaggestaltung:	grundmanngestaltung, Karlsruhe; Jule Kienecker, Berlin; Corinna Babylon, Berlin
Umschlagillustration:	Mathias Hütter, Schwäbisch Gmünd
Layout:	artesmedia, Glonn
Technische Umsetzung:	Thomas Werner, Dachau

www.cornelsen.de

1. Auflage, 9. Druck 2024

Alle Drucke dieser Auflage sind inhaltlich unverändert
und können im Unterricht nebeneinander verwendet werden.

© 2014 Oldenbourg Schulbuchverlag GmbH, München
© 2017 Cornelsen Verlag GmbH, Berlin

Druck: AZ Druck und Datentechnik GmbH, Kempten

ISBN 978-3-637-01665-1 (Schülerbuch)
ISBN 978-3-637-00962-2 (E-Book)

PEFC-zertifiziert
Dieses Produkt
stammt aus
nachhaltig
bewirtschafteten
Wäldern und
kontrollierten Quellen
PEFC
PEFC/04-31-2260   www.pefc.de